경제 선생님, 스크린에 풍덩!

경제 선생님, 스크린에 퐁덩!

〈방가? 방가!〉부터 〈빌리 엘리어트〉까지 영화보다 더 재밌고 리얼한 경제 이야기!

초판 1쇄 발행 2014년 10월 10일
초판 4쇄 발행 2020년 8월 10일

지은이   박남범 박정희 이두현 전혜인 태지원 한정범
기획·감수   전국사회과교과연구회
펴낸이   이영선

편집   김선정 김문정 김종훈 이민재 김영아 김연수 이현정 차소영
디자인   김회량 이보아
독자본부   김일신 김진규 정혜영 박정래 손미경 김동욱

펴낸곳 서해문집 | 출판등록 1989년 3월 16일(제406-2005-000047호)
주소 경기도 파주시 광인사길 217(파주출판도시)
전화 (031)955-7470 | 팩스 (031)955-7469
홈페이지 www.booksea.co.kr | 이메일 shmj21@hanmail.net

ⓒ 박남범 외, 2014
ISBN 978-89-7483-689-4 43320

이 도서의 국립중앙도서관 출판예정도서목록(CIP)은 서지정보유통지원시스템 홈페이지(http://
seoji.nl.go.kr)와 국가자료공동목록시스템(http://www.nl.go.kr/kolisnet)에서 이용하실 수
있습니다.(CIP제어번호: CIP2014028295)

사진 게재를 허락해 주신 분들께 감사드립니다.
일부 저작권을 찾지 못한 사진은 확인하는 대로 정해진 절차에 따라 사용료를 지불하겠습니다.

〈방가? 방가!〉부터
〈빌리 엘리어트〉까지
영화보다 더 재밌고
리얼한 경제 이야기!

경제 선생님,
스크린에
풍덩!

박남범 | 박정희 | 이두현
전혜인 | 태지원 | 한정범 지음

전국사회과교과연구회 기획·감수

서해문집

영화로 경제를 읽는 색다른 즐거움

청소년들은 어떻게 경제를 공부하고 있을까?

"얘들아, 대부업체 광고 본 적 있니?"

"네. 매일 보는데요. TV나 인터넷에 매일 나와요."

"그럼 이자율이 얼마인지 아니?"

"몰라요. 한 10퍼센트 되지 않을까요?"

"그거보다 훨씬 높은데?"

"정말요? 30일 무이자라고 하던데요."

"선생님, 누군가에게 꼭 필요한 서비스래요."

고등학교 경제 단원 수업시간의 한 장면이다. 아이들은 초등학교, 중학교에서 경제와 금융을 기초적으로 배워 왔지만 대부업의 이자율에 대해서는 잘 몰랐다. 매일 대부업체의 광고를 접하고 스팸메일이나 문자를 받지만, 이자율이 없거나 아주 저렴하다고 생각했다. 경제는 중요하다고 설명하며 열심히 교과서대로 경제이론을 가르쳤지만, 이것은 아이들이 일상에서 만나는 경제현상에서는 공허한 외침이 되어 있었다. '이자율', '신용관리', '신용불량'과 같은 경제개념들은 아이들의 일상 속 중요한 경제현상에서는 제 역할을 찾지 못하고 있었다.

우리가 경제를 만나는 순간

"유럽도 88만원 세대? 청년실업에 부모도 자식도 한숨"

"정부-LH, 하우스 푸어 구제 손 놓는다."

"그리스 경제, 금융위기 6년 후 최저 마이너스 분기성장"

이것은 최근 신문과 뉴스에서 흔히 볼 수 있는 경제 이슈다. '청년실업', '금융위기', '하우스 푸어'와 같은 경제개념은 청소년과 일반 독자에게 더 이상 낯선 단어가 아니다. 그만큼 우리 주변 곳곳에서 경제에 대한 이야기는 늘 뜨거운 화두다. 우리 생활이 경제와 떼려야 뗄 수 없는 관계이기 때문이다.

'무엇을 생산할 것인가?', '어떻게 생산할 것인가?', '누구에게 분배할 것인가?' 이 세 가지 질문은 일상생활 속에서 합리적 선택을 고민하는 우리 모두에게 적용된다. 그만큼 우리는 경제와 밀접하게 연결되어 있다.

이토록 삶과 밀접한 경제문제를 우리는 어떻게 처음 만나게 됐을까? 대부분은 학교에서 교과서를 통해 처음 만나게 된다. 청소년 시절에는 교과서를 기반으로 내신·수능시험 그리고 논술·구술면접에서 다양한 문제로 만나게 된다. 대학에서는 전공서적으로 공부하고 대학을 졸업하면 사회생활에 꼭 필요한 지식의 일환으로 습득한다. 하지만 이토록 열심히 경제공부를 했음에도 늘 뭔가 아쉽다. 딱딱한 교과서와 전공서적에서 다루는 경제학은 우리 주변의 경제현상에 대해 더욱 멀게 느껴지게 할 뿐이다. 이 책은 이러한 고민에서 출발하였다.

뜨거운 가슴과 냉철한 이성으로 영화 속 경제를 보자!

"어떻게 하면 쉽고 재미있게 경제를 가르칠 수 있을까?"

교실에서 아이들과 호흡하며 경제를 가르치고 있는 선생님들은 언제나 이런 고민을 해 왔다. 경제를 어렵고 자신과는 무관한 것이라 생각하는 친구들에게 경제란 늘 생활 속 가까이 있으며 자신의 문제이고 쉽고 재밌기까지 하다는 것을 알려 주고 싶은 마음이 컸다.

그래서 현직 중·고등학교 선생님들이 경제에 친숙하게 접근할 수 있도록 '경제'와 '영화'의 만남을 시도했다. 극장에서 영화를 즐기듯 편안한 마음으로 영화 속 주인공과 장면들에 빠져들어 자연스럽게 경제 지식을 습득하도록 했다. 경제에 관해 전문적인 지식을 갖지 않아도 누구나 쉽게 이해할 수 있도록, 특히 우리들이 생활 속에서 피부로 느끼는 경제현상과 경제개념들을 최대한 쉽게 접근할 수 있도록 만들었다. 이를 위하여 다음과 같은 점에 중점을 두고 책을 구성했다.

첫째, 청소년과 일반 독자들이 경제에 대해 흥미를 가질 수 있는 주제를 선정하고 청소년 눈높이에 맞춰 쉽게 서술하려 했다.

둘째, 영화와 주제는 우리가 일상생활에서 많이 들어보고 접해 본 것으로 선정했다.

셋째, 영화의 주제와 관련된 다양한 관점을 균형 있게 전달했다.

한쪽의 일방적인 주장과 이론을 설명하는 것이 아니라 대립하는 이론과 학자에 대해서도 치우치지 않고 중립적으로 전달하려 노력했다.

넷째, 영화 안에서 다양한 경제문제를 만날 수 있도록 미시경제학과 거시경제학의 주제를 적절히 배치했다. 또한 폭넓은 시각을 위해 국내의 경제문제뿐 아니라 국제 경제문제까지 고르게 제시했다.

이 책을 통해 청소년들이 경제에 대해 관심을 갖고 좀 더 쉽게 다가가길 기대한다. 더 나아가 "경제학자는 냉철한 이성과 뜨거운 가슴을 지녀야 한다."는 영국의 경제학자 알프레드 마샬의 명언처럼 나와 사회가 멀리 떨어져 있지 않음을 '뜨거운 가슴'으로 느끼고, 다양한 경제문제 해결에 '냉철한 이성'으로 참여하는 합리적인 경제인이 되기를 소망한다.

자! 이제 여러분 앞에 한 편의 재미있는 영화가 시작되었다. 시원한 음료수와 팝콘을 준비하고 즐길 시간이다. 편안하게 '경제'와 '영화'의 만남을 들여다보자.

선생님들의 수업 사례와 아이디어에서 시작된 이 책은 집필을 시작한 후 청소년과 더 가까이 호흡하기 위해 2년이라는 기간 동안 지속적인 수정 작업을 거쳤다. 어려운 과정 속에서 책을 집필하고 출간하는 데 함께 노력해 준 여러 선생님, 그리고 기획과 편집에 신경 써 준 서해문집 편집부에 감사를 표한다.

저자를 대표하여 박남범

차례

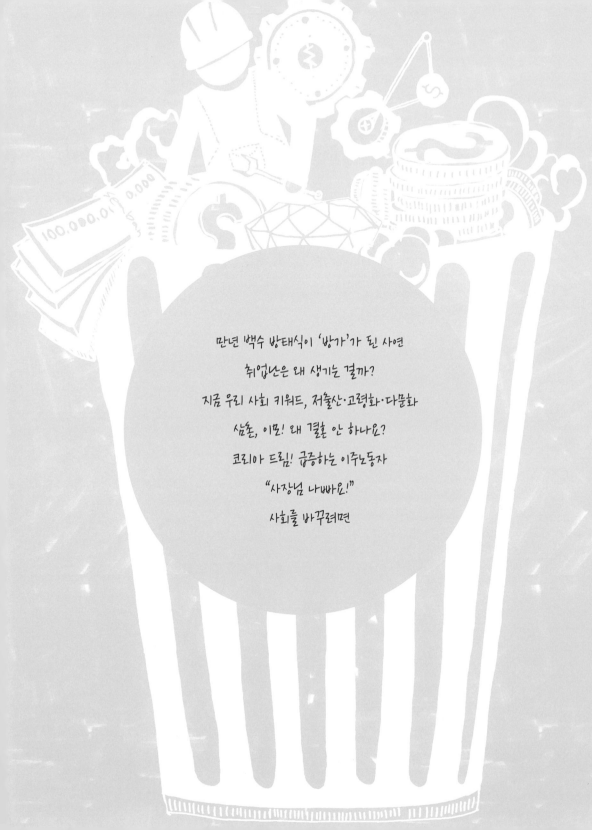

만년 백수 방태식이 '방가'가 된 사연

취업난은 왜 생기는 걸까?

지금 우리 사회 키워드, 저출산·고령화·다문화

삼촌, 이모! 왜 결혼 안 하나요?

코리아 드림! 급증하는 이주노동자

"사장님 나빠요!"

사회를 바꾸려면

첫 번째 영화
방가? 방가!

청년실어 업,
지금 대한민국은
안녕하세요?

\ 방가? 방가!

\ 육상효 감독

\ 110분

\ 2010년작

만년 백수 방태식이
'방가'가 된 사연

영화 제목으로 쓰인 '방가방가'는 인터넷 신조어이자 대화방 용어로 '반갑다', '안녕하세요?'라는 인사말이다. 부탄에서 건너온 외국인노동자 방가가 한국에서 좌충우돌하며 우리 사회에 묻고 있는 말,

"지금 대한민국은 안녕한가요?"

이 물음에 우리 사회는 어떻게 답할 수 있을까? 사실 이 영화의 주인공 방태식은 만년 백수인 한국 청년이다. 5년 동안 줄줄이 취업에 낙방하고, 오랜 친구인 용철이가 그간 진 빚을 갚으라고 압박해 오자 평소 얼굴 생김새가 동남아 스타일이라는 얘길 들어 온 태식이는 부탄에서 온 '방가'로 위장취업을 하기에 이른다. 영화 〈방가? 방가!〉는 위장취업을 통해 외국인노동자와 함께 생활하게 된 태식이의 변화와 대한민국에서 외국인노동자로 살아간다는 것, 그리고 우리 사회와 경제상을 익살스럽게 보여 준다. 때로는 마냥 웃을 수만은 없는 씁쓸한 현실

을 담기도 하지만 말이다.

　방가처럼 지금 우리나라는 급속도로 다문화사회에 진입 중이다. TV와 신문에서 다문화사회 관련 공익 광고가 늘고 있고, 영화와 드라마에도 등장하고 있다. 더 정확히는 우리 주변의 변화다. 다문화가정과 외국인노동자, 이주민을 거리에서 종종 봤을 것이다. 영화는 우리 사회에 묻는다. 다문화사회를 맞을 준비가 되어 있느냐고 말이다. 과연 우리 사회는 이들을 받아들이고 성숙한 자세로 포용하고 있을까?

　천천히 영화 속 장면들을 살펴보며, 우리 주변 세상의 이야기에 귀 기울여 보고, 우리 사회와 경제가 나아갈 길을 함께 고민해 보자.

취업난은 왜 생기는 걸까?

부탄 사람 방가, 앞에서 말했듯 그는 사실 충남 금산에서 올라온 한국 청년이다. 취업난을 뚫고자 부탄 사람이라 속여 겨우겨우 취직에 성공한다. 친구인 용철이는 이렇게 말한다.

　"이 세상에 너를 받아 줄 데는 거기밖에 없어. 거기에 뼈를 묻어!"

　태식이는 왜 위장취업을 할 수밖에 없었을까? 뉴스에서 대기업 입사시험이 100대 1의 경쟁률을 기록했다는 소식, 공시족(공무원 시험 준비생)이 수만 명에 달한다는 소식이 들리는 이유는 무엇일까? 단군 이래 최고의 학력과 스펙이라는 청년들이 취업을 하지 못하는 이유, 그 답은

면접에서 줄곧 낙방하는 태식이.

방가? 방가!
청년실업,
지금 대한민국은
안녕하세요?

취업이 되지 않자 아르바이트를 전전하는 태식이의 모습.

바로 저출산·고령화사회, 다문화사회의 가장 중요한 문제인 '실업'에 있을 것이다. 태식이가 겪는 일자리 문제가 실업이다. 실업은 이제 개인의 문제를 넘어서 사회의 문제다.

한 나라의 경제에서 만 15세~64세의 일할 의사와 능력이 있는 사람을 '경제활동인구'라고 한다. 실업이란 경제활동인구에서 취업의 상태에 있지 않음을 말한다. 뉴스에서 보는 청년실업률이 우리가 생각하는 것보다 낮게 나오는 이유가 여기에 있다. 경제학에서 정의내리는 것과 실제에는 차이가 있기 때문이다.

일단 경제활동인구에서 학생, 군인, 가정주부, 자발적으로 자선사업이나 종교단체에 관여하고 있는 사람들은 '일할 능력'이 없기 때문에 경제활동인구에 해당하지 않는다. 이러한 사람들은 취업도 실업도 아닌 '비경제활동인구'에 해당한다. 즉 취업이 되지 않아 대학원에 진학

우리나라의 실업률

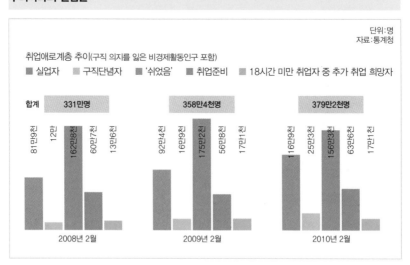

단위:명
자료:통계청

취업애로계층 추이(구직 의지를 잃은 비경제활동인구 포함)
■ 실업자　■ 구직단념자　■ '쉬었음'　■ 취업준비　■ 18시간 미만 취업자 중 추가 취업 희망자

합계　331만명　　358만4천명　　379만2천명

81만9천　12만　162만8천　60만7천　13만6천

92만4천　16만9천　175만2천　56만8천　17만1천

116만9천　25만3천　156만3천　63만6천　17만1천

2008년 2월　　2009년 2월　　2010년 2월

하거나 군대에 입대하게 되면 이는 비경제활동인구가 되는 것이다. 그리고 취업을 위해 적극적으로 구직활동을 하지 않는 '일할 의사'가 없는 사람도 실업이 아닌 비경제활동인구에 해당한다. 그렇기 때문에 주위에 일을 하지 않는 사람은 많아도 실제 통계에서는 실업률이 낮은 상황이 발생한다.

그럼, 태식이는 과연 어떤 실업에 해당하는 걸까? 실업의 종류에는 구조적 실업, 경기적 실업, 마찰적 실업, 탐색적 실업이 있다.

구조적 실업은 기술 발전으로 기존 기술이 더 이상 필요하지 않을 때 발생하는 실업을 말한다. 우리의 사례에서는 70년대 신발산업과 섬유산업의 기술이 원가가 절감된 동남아 시장으로 넘어가며 발생한 실업이 대표적이다. 이처럼 구조적 실업은 산업구조가 바뀌며 발생하는 실업이다.

경기적 실업은 경기침체로 발생하는 실업을 말한다. 호황기에 기업들은 생산량이 확대되고 노동에 대한 수요가 증가하지만, 침체기에는 생산 규모를 축소함과 동시에 신규채용은 물론 기존 인력을 해고하는 것으로 불황에 대처하기 때문에 고용 감소가 뒤따르게 된다. 이때 발생하는 실업이 경기적 실업이다.

세계에서는 1930년대 경제대공황과 2008년 세계금융위기를 통해 현재진행형으로 경기적 실업을 겪고 있다. 한국에서는 1997년 IMF 외환위기를 통해 경기적 실업을 경험했고, 최근에도 2008년 이후 세계금융위기를 통해 계속 경험하고 있다.

다음으로 마찰적 실업과 탐색적 실업은 노동자 자신이 선호하는 직장을 찾는 과정에서 발생하는 실업을 말한다. 마지막으로 계절적 실업은 계절의 영향을 받는 실업이다. 여름에 리조트에서 수상안전요원으로 일하는 사람은 겨울이 되면 일자리를 잃게 되고, 반대로 겨울에 스키장에서 일하는 안전요원은 여름이 되면 일자리를 잃게 된다. 이처럼 계절에 따라 일자리가 사라질 수 있는데 최근 우리 경제에서는 크게 문제가 되지 않고 있다.

자, 이제 태식이의 경우를 보자. 태식이는 계절적 실업과 탐색적 실업에 해당하지 않는다. 스스로 어떤 일이든 어느 계절에든 하려는 의지가 있기 때문이다. 그렇다면 구조적 실업, 경기적 실업에 해당할까? 복합적으로 작용한다고 볼 수 있다.

최근 우리 경제는 세계화 추세에 따라 산업구조 및 노동현장에 많은 변화가 생겼다. 기술이 빠르게 발전하고 있으며, 기업의 해외 공장 이전도 부쩍 늘고 있다. 대기업의 제품 생산량은 국내보다 해외생산량이 더 많아지고 있는 현실이다. 공장들이 해외로 이전하면서 반대로 국내 노동자들은 취업이 어려워지고 있다. 앞으로 국내 기업의 해외 진출이 더 많아지면 이러한 현상은 더 심화될 것이다.

경기적 실업의 영향도 있다. 태식이와 친구 용철이의 모습, 더 가까이는 우리 부모님의 모습에서도 느낄 수 있다. 일단 장사가 잘 되지 않는다. 많은 가게들의 간판이 바뀌고 있다. 학생들의 경우 용돈이 줄었다. 외식비가 준 건 물론이고 책도 잘 사지 않는다. 경제지표와 달리 우리가 느끼는 체감경기는 불경기다. 지갑을 열지 않는 소비자 앞에서 백화점은 연중 세일을 하고 있으며, 알뜰시장은 사람들로 넘쳐난다.

이런 불경기 의식과 소비 위축은 왜 발생하는 걸까? 복합적인 요인이 있으나 경제성장에 대한 낙관적 인식이 부족할 때 발생한다. 저출

\# 공사현장에서 일하는 태식이.
공사현장은 계절적 실업에 해당한다.

\# 오랜 실업 끝에 태식이 위장취업한 의자공장.

산·고령화사회, 다문화사회로 접어들며 나타나는 과부화가 점점 더 고용 없는 성장, 불경기로 다가오는 것이다.

지금 우리 사회 키워드, 저출산·고령화·다문화

우리 사회는 본격적으로 다문화사회에 진입했다. 외국인 거주인구가 200만 명을 넘어섰으며 실제 통계에 잡히지 않은 거주인구는 더 많을 것이다. 농촌 지역의 경우 국제결혼이 늘어 다문화가정의 비율이 급속도로 증가하고 있다.

우리 사회가 이렇게 빨리 다문화사회로 진입하는 이유는 무엇 때문일까? 지구촌화, 세계화 현상으로 설명할 수 있는 걸까? 그 밖의 요인은 없을까? 질문의 답은 바로 우리가 처해 있는 인구구조에 있다.

태식이의 고향인 금산은 어린아이들의 웃음이 들리지 않은 지 오래다. 실제 금산의 모습은 어떨까? 농촌 대부분은 고령인구로 구성되어 있고, 초등학교와 중학교는 아이들이 없어서 통폐합되고 있다. 또한 농촌총각들은 영화 〈나의 결혼 원정기〉처럼 신부를 찾아 국제결혼을 하고 있는 현실이다.

앞으로 펼쳐질 인구전망은 저출산 · 고령화 · 다문화사회로의 진입을 더 여실히 증명해 준다. 우리는 지금 세계에서 유래가 없는, 가장 빠른 속도로 늙어 가고 있다.

하나는 외롭습니다

당신의 아이에게 무엇을 물려주시겠습니까? 아껴 애는 인형이나 장난감 같은 것들만 아닙니다.

아이에게 아이가 커가면서 외로운들, 그립니다. 한 인생길을 외로워도 함께 해줄 형제를 물려주십시오!

자녀에게 가장 좋은 선물은 동생입니다

출산을 장려하는 공익 포스터.

우리 경제구조는 여전히 제조업이 다수를 차지하고 있어 제조업에 종사할 노동자가 필요하다. 하지만 구할 수 없는 실정이라 외국에서 이주노동자가 들어와 일하고 있다. 농촌지역 결혼 풍속도는 어떨까? 한국 여성의 고학력화와 도시거주 인구율이 증가하면서 농촌에 있는 결혼 적령기 남성들의 결혼 문제는 더 심각해질 전망이다. 따라서 외국인 여성과 국제 결혼이 늘어 다문화가정은 앞으로도 매우 빠르게 증가할 것으로 보인다.

다음 두 표는 우리 사회가 겪고 있는 인구구조의 변화를 자세히 보여 준다.

먼저 국가별 고령화 속도를 비교해 보자. 총인구에서 65세 이상 인구가 차지하는 비율이 7퍼센트에서 14퍼센트로 변화하는 시간이 프랑스가 115년이 걸렸다면, 우리나라는 고작 18년이 걸린다. 2018년이 되면 고령화사회를 넘어 '고령사회'로 진입하는 것이다. 이웃나라 일본의 24년보다 무려 6년이나 빠른 속도다. 더욱 절망적인 것은 '초고령사회'

국가별 고령화 속도 비교표

국가	도달 연도			증가 소요 연수	
	7%(고령화)	14%(고령)	20%(초고령)	7%→14%	14→20%
일본	1970	1994	2006	24	12
프랑스	1864	1979	2018	115	39
독일	1932	1972	2009	40	37
이탈리아	1927	1988	2006	61	18
미국	1942	2015	2036	73	21
한국	2000	2018	2026	18	8

자료:통계청

우리나라의 인구고령화 추이 및 전망

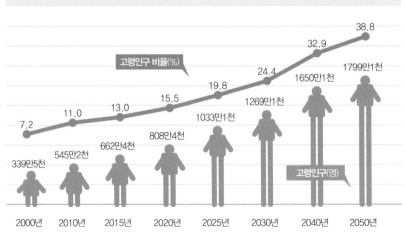

자료:통계청

로 진입하는 데 겨우 8년밖에 걸리지 않는다는 사실이다. 총인구에서
65세 이상의 인구가 차지하는 비율이 20퍼센트가 넘는 것은 2026년이
면 가능하다. 2026년이 되면 5명 중 1명은 65세 이상 노령인구가 된다.

문제는 빠른 고령화 속도 때문에 이에 제대로 준비하고 대응할 시간이 많지 않다는 것이다. 우리 사회와 경제는 과연 고령화에 대해 얼마만큼 준비되어 있을까? 해결책은 있는 것일까?

삼촌, 이모!
왜 결혼 안 하나요?

우리나라가 빨리 고령화사회로 접어드는 건 저출산 현상과 연관이 깊다. 아이는 적게 낳고 평균수명은 늘어나다 보니 가까운 미래에 대재앙이 예고되어 있는 것이다. 그렇다면 왜 아이를 적게 낳는 것일까? 우리 주변을 유심히 살펴보면 그리 어렵지 않게 이유를 알아챌 수 있다. 영화 속으로 들어가 보자.

태식이가 겪는 청년실업 문제, 용철이가 겪는 자영업의 불안정성, 그 밖에 높은 결혼자금, 치솟는 전세금과 주택가격, 여성의 낮은 경제 참여율과 저임금 등 복잡한 문제들이 결혼율과 출산율을 급속도로 떨어뜨리는 원인이다.

연도별 초혼 연령은 계속 높아지고 있으며, 혼인 건수 또한 2007년 이후 감소하는 추세다. 결혼은 해도 아이를 갖지 않는 부부, 이른바 딩크족Dink이 늘었다. 높은 주택가격과 육아비용, 사교육비, 대학 등록금 문제 등은 출산기피 현상을 더욱 부추기고 있다. 지방의 산부인과는 임신부가 줄어 문을 닫는 일도 많다.

이런 저출산·고령화는 우리 경제에 심각한 영향을 미친다. 적절한 출산 수준이 뒷받침되지 않은 채 인구가 고령화되면, 일할 수 있는 신규 노동자는 줄고 노동자들의 노령화도 빨리 진행된다. 중소기업 및 대기업의 공장에서는 이미 이러한 현상이 일어나고 있다. 일하는 사람이 줄고 고령화가 진행되면 저축률 또한 떨어져서 투자도 줄어든다. 당연히 경제성장이 더딜 수밖에 없다. 이를 극복하기 위해서는 젊은 신규 노동인력이 늘어야 하지만, 노동력의 고령화가 빨리 진행돼 이마저도 기대하기 힘든 상황이다.

고령화는 경제침체에만 그치지 않는다. 노령인구에 대한 부양비의 증가, 의료보험 및 사회보험비 증가, 그에 따른 개인 세금의 증가, 국민연금 고갈 등이 줄줄이 기다리고 있다. 저축도 줄고 일자리도 부족하니 주택을 구입할 여력도 없다. 이는 주택과 부동산 가격의 하락을 가져오고 가계자산의 감소로 이어질 수 있다. 가계자산 감소는 상당 부문 재산을 부동산으로 소유하고 있는 노년층의 노후에 그림자를 드리우고, 소비와 수요의 위축이라는 경제불황을 가져올 수 있는 것이다.

코리아 드림!
급증하는 이주노동자

앞에서 말했듯 우리나라에 거주하는 외국인 수는 해마다 늘고 있다. 외국인노동자가 갈수록 많아지는 까닭은 뭘까?

그 이유를 경제적인 관점에서 보면 이주노동자가 받는 월 평균임금이 한국인에 비해 저렴하기 때문이다. 같은 일을 해도 이주노동자는 한국인보다 적은 임금을 받는다. 또한 한국인이 일하기 싫어하는 3D업종, 중소기업, 농촌에서도 적극적으로 일을 하려고 한다. 그러므로 고용주와 회사 입장에서는 이주노동자를 선택할 수밖에 없다.

그럼 왜 이주노동자들은 열악한 노동현장에서 불법체류의 위험을 무릅쓰고 일을 하는 걸까? 그것은 원화의 가치가 다르기 때문이다. 1960~70년대 독일에 간 광부와 간호사를 생각하면 쉽게 이해할 수 있다. 당시 서독 사람들에게는 열악한 환경이었던 광산과 병원에서 한국인이 받는 월급은 서독 사람들에 비해서 상당히 적은 수준이었다. 그럼에도 많은 사람이 서독에 광부와 간호사로 지원을 했다. 돈의 가치가 달랐기 때문이다. 서독 사람들에 비해 적은 돈을 벌어도 마르크화를 한국의 원화로 환전하면 엄청난 돈이었다.

한국에서 일하는 이주노동자의 경우도 마찬가지다. 비록 한국에서 받는 월급은 적지만 이 돈은 모국으로 보내지면 한 가족을 부양할 수 있는 돈이다. 같은 이유로 많은 아시아 국가에서는 여전히 '코리아 드림Korea Dream'이 존재한다.

하지만 여기에는 동전의 양면처럼 장단점이 있다. 긍정적인 면은 중소기업과 농촌의 일손 부족 문제를 해결할 수 있다는 점이다. 상대적으로 열악한 임금과 환경을 가진 제조업은 만성적으로 일손 부족을 겪어 왔다. 농촌 역시 젊은 청년층의 노동력이 필요했다. 이주노동자는 이런 산업현장의 수요를 해결할 수 있다. 임금도 저렴하기 때문에 회사 입장에서는 비용이 줄고 이는 제품의 생산가격을 인하할 수 있는 요인으로 작용한다. 비용의 인하는 가격경쟁력을 높여 주고 수출의 증대, 판매의 증대를 가져올 수 있다. 국민경제로 본다면 제품 가격의 인하는 물가의 안정에도 도움을 줄 수 있다. 이처럼 외국인노동자가 가져다주는 긍정적인 경제지표는 많다.

물론 긍정적인 면이 있다면 부정적인 면도 있다. 먼저 내국인과 외국인노동자 간에 일자리를 두고 벌어지는 갈등이다. 앞으로 단순 업무와 제조업에서 외국인노동자가 증가하면 이를 두고 내국인노동자와 경쟁하는 일이 벌어질 것이다. 또한 산업현장 내에서 갈등도 증가하게 될 것이다.

외국인노동자와의 일자리 분쟁은 외국인에 대한 사회적 불만으로 자리 잡을 수 있다. 외국인노동자들이 우리의 부를 유출한다거나 일자리를 빼앗는다는 생각을 갖는 사람이 늘어나는 것이다. 더 나아가 우리 경제의 불안함이나 사회적 문제를 외국인 탓으로 돌리는 관점이 생기기도 하고 외국인혐오증인 '제노포비아xenophobia'가 만연해지기도 한다.

실제로 우리 주변에서 외국인혐오증을 목격할 때도 있다. 2012년 3월, 수원에서 일어난 20대 여성 살인사건으로 조선족 및 외국인노동자에 대한 혐오증이 증가하기도 했다. 경제난과 실업에 따른 상대적 박탈감이 외국인노동자의 각종 범죄 증가에 따라 혐오증으로 번지고 있는 것이다. 근거 없는 인종차별적 글과 댓글이 사이버 세상에 떠돌아다니고, 그것에 심정적으로 동의를 하는 사람도 늘고 있어 점점 심각한 사회 문제가 되고 있다.

최근 새누리당 비례대표 국회의원이 된 외국인 이자스민 씨에 대한 인신공격성 욕설은 우리 사회에도 외국인혐오증이 자라고 있음을

\# 외국인노동자를 모집하는 공고문들.

방가? 방가!
청년실업,
지금 대한민국은
안녕하세요?

\# 인종차별주의자인 스킨헤드족의 반외국인 시위.

보여 주는 단적인 예다.

　머지않아 유럽의 사례처럼 외국인노동자에 대한 테러, 반대 시위, 묻지마 범죄 등이 우리나라에서도 일어날 수 있는 것이다. 이러한 사회 문제들을 해결하려면 많은 사회적·경제적 비용이 든다. 우리 경제에도 부담으로 작용할 수 있다.

"사장님 나빠요!"

외국인노동자들이 증가하면서 이들에 대한 인권문제도 중요한 사안으로 떠올랐다. 영화 〈방가? 방가!〉 속에서 우리나라 노동자들은 외국인노동자들과 함께 밥을 먹지도 않고, 야근이나 휴일 업무는 외국인노동자들만 시킨다. 외국인노동자들도 기본적인 노동권을 요구하고 싶지만, 아니 인간적인 대우를 받고 싶어하지만 불법체류자라는 신분적인 약점, 항의하면 임금을 받을 수 없을 거라는 불안 때문에 순응하며 살아간다.

　한국인 사장님 혹은 관리자들에게 그들이 가장 많이 듣는 말은 "빨리빨리!"이다. 끊임없이 욕을 배우기도 한다. 이런 욕설은 외국인노동자들이 한국에 와서 처음 배우는 말이자 한국을 떠나며 마지막으로 기억하는 말이기도 하다. 언어폭력에 그치지 않고 성추행과 성희롱의 대상이 될 때도 있다.

　〈방가? 방가!〉는 여러 장면을 통해 외국인노동자들의 인권문제를 다루고 있다. 외국인인 '알리 반장'은 부사장에게 배운 욕을 달고 살며, 베트남에서 온 '장미'는 부사장의 성희롱에 시달린다. 더욱이 외국인노동자들은 보증금이라는 명목 하에 부사장에게 많은 돈을 맡기고도 정작 필요할 때 돈을 찾지 못하고 기다리는 처지에 있다. 특히 한국인 사장에게서 욕을 배우고 그 의미를 이해하며, 그 욕을 한국인에게 되돌려 주는 장면은 가슴을 아프게 한다. 그들이 바라는 건 같은 인간으로서 최소한의 존중과 배려였을 텐데 우리는 그마저 해 주지 못했던 것이다.

노동현장에서 외국인노동자에 대한 인권침해는 매우 심각한 수준이다. 외국인노동자들은 노동자의 권익을 위해 헌법에서 보장하는 노동3권(단결권·단체교섭권·단체행동권)을 제대로 보장받지 못한다.

외국인노동자에 관한 임금체불, 상습폭행과 폭언, 성희롱 및 성추행, 사기 등은 우리 노동현장에 남아 있는 부끄러운 단상이다. 더욱 문제인 것은 이러한 인권 및 노동권 침해에 대해 문제제기를 하거나 이의를 제기하는 사람들에 대해 불편한 시선을 보내는 이들이 존재한다는 데 있다. "너는 한국인 아니냐?", "사장이 오죽 힘들면 그렇게 했겠느

\# 위험이 도사리는 열악한 작업 환경.

\# 권익 향상을 요구하는 외국인노동자들의 집회.

함께 일하는 외국인노동자들의
종교행사에 참석한 방가.

경제 선생님,
스크린에
풍덩!

외국인노동자도 우리와 똑같다는
열린 마음을 가져야 한다.

냐?"등 제 식구 감싸는 온정주의적 시선이 일부 한국인들에게 남아 있다. 위험한 환경에서 일하는 외국인노동자들이 작업 중 업무상 재해를 당하는 경우에도 치료나 보상은커녕 본국으로 송환하거나 강제출국을 보내는 경우도 있다.

2008년 이천화재참사(경기도 이천시의 한 냉동 물류창고에서 발생한 화재사고로 40명이 사망하고 9명이 부상을 입은 참사) 때도 외국인노동자 13명이 사망하는 사고가 발생했다. 외국인노동자는 더 많이 일하고도 평균임금이 낮기에 우리나라 노동자에 비해 낮은 보상금을 받을 수밖에 없었다.

사회를 바꾸려면

〈방가? 방가!〉는 대한민국의 오늘을 보여 주며 내일을 묻고 있다. 지금이야말로 슬기로운 지혜가 필요한 시점이다. 그렇다면 저출산·고령화·다문화사회에서 나타날 문제를 해결하기 위해 어떤 노력을 기울여야 할까?

첫째, 고령화로 인한 노동력 부족과 생산성 하락에 대한 대책이 필요하다. 이를 위해 근로자의 정년을 연장하고 일정 연령이 되면 임금을 조정하는 대신 정년은 보장하는 '임금피크제'를 도입하여 기업의 부담을 줄이는 방안을 모색할 수 있다. 또한 은퇴 이후에도 건강하게 일을 하며 사회생활을 할 수 있는 다양한 일자리가 만들어져야 한다.

둘째, 여성의 경제활동 참여율을 높이고 외국인노동자를 포용하여 산업 전반의 노동력 부족 문제를 해결해야 한다. 여성의 경제 활동 참여를 높이려면 적극적인 육아 대책이 필요하다. 출산 후 일자리가 단절된 여성에 대해 일자리 지원 정책이 따라야 한다. 다음으로 외국인노동자에 대한 지원과 함께 포용적인 태도가 필요하다. 이미 우리 사회는 다문화사회로 진입했다. 여러 문화가 공존하며 상호작용하는 사회에서는 다른 문화에 대한 이해 부족으로 다양한 갈등이 발생할 수 있다. 이러한 갈등 요인을 슬기롭게 풀어 나가려면 타문화에 대한 이해와 다양성을 성장의 원동력으로 만드는 혁신적 사고가 필요하다.

셋째, 노년층의 삶의 질을 개선하고 출산율을 높이기 위한 정책을 마련해야 한다. 먼저 한국의 중장년층은 자녀의 교육과 결혼 준비 등 뒷바라지로 인해 자신의 노후는 제대로 준비하지 못한 채 노년이 됐다. 이러한 중장년층 세대의 노후 준비 부족은 우리 경제와 사회에 많은 부담을 주게 될 것이다. 따라서 중장년층이 노후를 제대로 준비할 수 있도록 개인의 노력과 함께 안정적인 연금제도의 마련, 노인복지에 대한 사회적·경제적 고민이 필요한 시점이다. 출산율을 높이기 위해서는 출산장려금 지원, 육아휴직 보장 및 보육시설의 증대, 공교육 강화 등 다양한 관점에서 여성이 직장생활과 육아를 병행할 수 있도록 슬기로운 지혜가 필요하다.

마지막으로 저성장 경제구조를 극복할 수 있는 새로운 고민이 필요하다. 혁신과 일자리 창출, 미래 성장동력사업, 청년층 해외일자리사업 등은 청년실업을 해결하고 우리 경제에 더 많은 일자리를 만들기 위한 경제정책들이다. 이러한 정책들이 자리매김한다면 경제성장을 기대할 수 있다.

저성장 위기에 빠진 우리 경제의 해결책으로 최근 주목받고 있는 것이
통일이다. 2014년 대통령의 신년 기자회견에서 "통일은 대박"이라는
표현까지 나왔다. 왜 통일이 우리 경제의 돌파구로 떠오른 걸까?
평화적 통일을 경험한 독일에서 그 사례를 찾을 수 있다. 서독은 지속
적으로 평화통일을 추구해 왔고 1990년 드디어 동독과 통일을 했다. 통일 이후, 사회 통합을 위
해 많은 비용이 들었으나 이를 극복하는 경제성장을 이룩하여 EU와 세계의 중심국가로 발돋움하
게 되었다.

우리나라 역시 분단으로 많은 비용을 지출하고 있다. 막대한 국방비는 물론이고 분단 때문에 중
국, 러시아, 유럽과 철도를 통한 직접 교역을 할 수 없는 현실이다. 통일 후 우리 철도와 시베리아
철도TSR, 중국철도TCR가 이어진다면 우리 경제에 성장동력이 될 수 있다. 더 나아가 북한의 많
은 부존자원과 신규 노동력이 남한의 경제성장 노하우와 자본력을 만난다면 새로운 일자리들이
창출되고 분단으로 인한 경제적·사회적 손실도 줄어들 수 있다. 북한의 개성공단은 이러한 긍정
적 통일 한국의 청사진을 보여 준다.

통일의 긍정적 전망은 해외에서도 내놓고 있다. 미국의 골드만삭스증권은 2013년 12월 〈통일한
국: 대북 리스크에 대한 재평가 Part1〉이라는 보고서에서 남한과 북한이 통일되면 30~40년 안
에 국민총생산GDP 규모가 프랑스와 독일, 일본 등 주요 G7국을 추월할 거라 전망하기도 했다.
이 보고서는 남북한이 독일과 같은 급진적인 통일보다는 중국과 홍콩의 통합과정과 비슷한 점진
적인 단계를 밟을 것으로 전망했으며, 적절한 정책이 뒷받침될 경우 통일비용을 충분히 감당할
수 있을 거라 예상했다.

평화통일은 선진국형 저성장에 빠진 우리 경제에 분명 긍정적인 돌파구가 될 것이다. 이제 공동체
의 지혜를 모아 북한의 도발과 경제병진정책(경제발전과 국방력 강화를 동시에 추구한다는 북한의 경제정책
기조)을 설득해 북한이 '개방'할 수 있게 돕고 새로운 통일 경제의 패러다임을 모색해 볼 때다.

개성공단. 남북이 합의하여 북한 개성시 봉동리 일대에 개발한 경제특구.

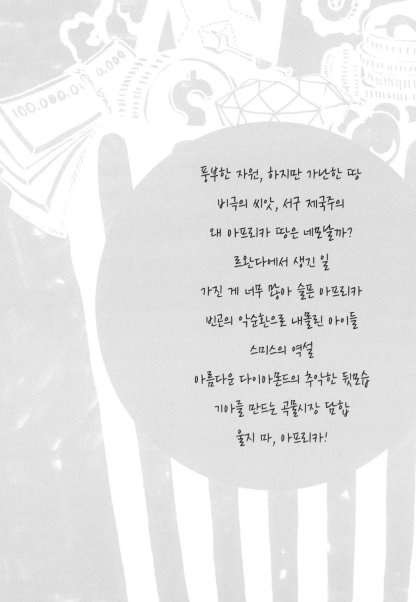

풍부한 자원, 하지만 가난한 땅

비극의 씨앗, 서구 제국주의

왜 아프리카 땅은 네모날까?

르완다에서 생긴 일

가진 게 너무 많아 슬픈 아프리카

빈곤의 악순환으로 내몰린 아이들

스미스의 역설

아름다운 다이아몬드의 추악한 뒷모습

기아를 만드는 곡물시장 담합

울지 마, 아프리카!

두 번째 영화
블러드 다이아몬드

아프리카의

눈물은  내

생기는 걸까?

블러드 다이아몬드

에드워드 즈윅 감독

142분

2007년작

풍부한 자원,
하지만 가난한 땅

영화 〈블러드 다이아몬드〉의 배경은 아프리카 서북부 해안에 위치한 시에라리온이다. 시에라리온은 우리가 일반적으로 생각하는 아프리카와 조금 다르다. 대개 아프리카 하면 비가 오지 않는 사막 한가운데 불모지를 상상하곤 한다. 그러나 시에라리온은 대서양 연안에 인접하고 울창한 숲이 있어 다양한 열대 농작물이 나는 곳이다. 또한 다이아몬드와 석유 등 천연자원도 풍부하다. 그래서 일찍이 '서아프리카의 아테네'라고 불리어졌다.

아프리카에서 상대적으로 풍부한 천연자원을 갖춘 시에라리온. 그런데 왜 이곳 아이들은, 무슨 이유로 그토록 오랫동안 눈물을 흘리는 걸까? 영화 속 이야기가 단순한 '허구'가 아닌 '현실'로 되풀이되는 아프리카. 대체 '아프리카의 눈물'은 왜 벌어지는 것일까?

UN 보고에 따르면 전 세계 인구의 7분의 1에 해당하는 10억 명은 절대빈곤 상태에 있다. 하루 소득이 1달러 미만인 대다수 아프리카 국가들이 여기에 해당한다. 우리가 책을 읽는 순간에도 해마다 100만 명이상의 아프리카 어린이들이 말라리아(모기류인 말라리아 원충에 감염되어 발생하는 급성 열성 전염병)로 사망하고 있다. 모기장을 비롯한 간단한 조치로도 어느 정도 말라리아를 예방할 수 있지만 아프리카 대부분의 지역에는 이런 작은 장비조차 제공되지 못하는 형편이다. 그뿐 아니라 에이즈 등 각종 질병에 노출되어 있으며 하루하루 굶주림과 전쟁을 벌이고 있다. 아프리카 어린이들에게 공부와 학교는 사치에 불과하다. 그들은 왜 이렇게 풍부한 자원에도 불구하고 빈곤의 늪에 빠진 걸까? 그 배경을 알아보자.

시에라리온의 울창한 열대 숲.

비극의 씨앗,
서구 제국주의

아프리카의 내전과 전쟁은 아직도 현재진행형이다. 이 영화는 아프리카의 내전에 대해 아주 자세히 보여 주고 있다. 정부군과 반군의 끊임없는 전쟁, 소년병 이야기, 자원을 둘러싼 주변국의 개입 등 영화 속 장면들은 실제 아프리카 모습을 그대로 옮겨 놓았다.

지금도 지구촌 뉴스에 아프리카 내전과 영토 전쟁 소식이 매일매일 들려온다. 소말리아, 말리, 콩고, 시리아 등 많은 나라에서 아직도 정부군과 반군으로 혹은 부족 간의 반목으로 내전 중에 있거나 내전의 조짐이 수없이 등장하고 있다. 오죽했으면 유명 축구선수인 디디에 드록바Didier Drogba가 2006년 첫 월드컵 진출 소감으로 "우리 잠시 동안만 전쟁을 하지 말자."라고 말했을까?

그렇다면 유독 아프리카에서만 계속 전쟁과 반목이 이어지는 까닭은 뭘까? 과연 영화의 주인공 '솔로몬 반디'의 슬픈 독백처럼 아프리카인들은 태초에 열등하게 태어났으며 신은 아프리카를 버렸기 때문일까?

가장 큰 원인은 식민지 지배에서 출발한다. 유럽의 서구열강들은 너도나도 영토를 확장하며 아프리카 땅을 점령하고 지역 곳곳에 제국주의 뿌리를 내렸다. 제국주의는 다른 나라 또는 후진 민족을 군사적·경제적으로 정복하여 큰 나라를 건설하려는 침략주의정책을 말한다. 이러한 제국주의정책에 의해 영국, 프랑스, 이탈리아, 독일, 벨기에, 네덜란드 등 유럽 국가들은 아프리카 전역을 지배했다.

\# 영화 속 난민촌. 계속된 내전은 수많은 난민을 만들었다.

아프리카에서 나는 특산물과 값싼 노동력으로 만들어진 생산품을 본국으로 들여오거나 다른 식민지 국가에 수출하며 많은 부를 축적하기도 했다. 그뿐 아니라 아프리카 노예 수출을 위해 서부 해안의 많은 항구들이 노예 수출항으로 만들어졌고, 아프리카 원주민들은 마치 상품처럼 '수출품목'으로 거래되어 유럽, 미국, 남아프리카, 아시아 등으로 팔려 나갔다. 제국주의가 아프리카에 남긴 상처는 심각한 것이었다.

서구열강의 논리는 후진성이 있는 민족을 지배하여 문명화한다는 것이었다. 하지만 아프리카 원주민들에게는 문명의 혜택이 돌아가지 않았다. 그들의 전통의상, 언어 등 오랜 시간 자연과 어울리며 이룩한 문화는 미개하고 열등한 문화로 분류되었고 '문명', '발전', '진보'라는 허울 좋은 구실로 들어온 서구의 문화는 이들의 아름다운 전통과 문화를 서서히 파괴했다. 제국주의 경제정책은 철저히 수탈과 착취체제였다. 식민지 국가에서는 자원과 산물을 끊임없이 가져가고, 본국에서 생산된 물품은 비싼 값으로 식민지 국가에 되팔아 막대한 부를 축적하는 체제였다. 이러한 제국주의 경제체제에서 식민지 국가가 스스로 산업을 키우거나, 자생적인 경제체제를 만들기는 어려웠다. 식민지 국가들은 점점 더 문화와 경제에 있어 의존도가 높아지고 식민지배를 받아들일 수밖에 없는 것이었다.

왜 아프리카 땅은 네모날까?

19세기부터 서구 국가들은 아프리카를 통치하며 다양한 부족의 특수성과 문화를 무시하고 영토를 나누었다. 아프리카의 지도를 보면 유난히 네모반듯한 국가 간의 경계를 볼 수 있다. 이는 식민지 쟁탈전에서 서구 국가들이 합의와 협상을 통해 영토배분을 했기 때문이다.

이들에게 있어 아프리카 지배는 한 뼘이라도 넓은 영토, 풍부한 자원을 수탈하는 것이었지 오랫동안 그 자리를 지키며 자연과 더불어 살아온 다양한 민족과 문화는 고려대상이 아니었다. 서구열강들이 협상하는 책상에서 각도기로 1도 각도 차이로 서로 분리되고 혹은 다른 민족끼리 같은 영토에 묶이는 일들이 벌어졌던 것이다.

그뿐 아니다. 식민지배를 하며 부족 사이, 민족 사이의 반목과 경쟁을 부추겼다. 서구열강들은 아프리카인들이 같은 민족이라는 생각을 갖는 걸 두려워했다. 이러한 의식이 높아질수록 지배하기 더욱 어려웠

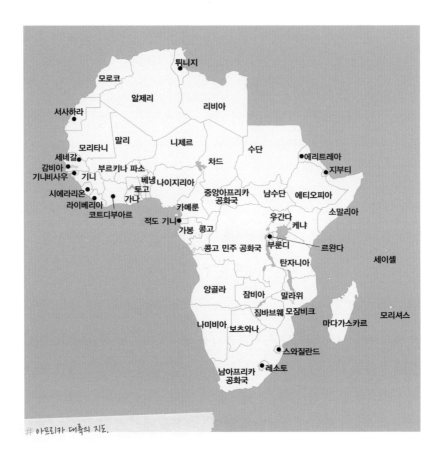

아프리카 대륙의 지도.

기 때문이다. 아프리카인들이 서로 협력하고 평화적으로 해결에 나서는 건 식민지배에 도움이 되지 않았다. 그래서 서구열강은 민족끼리 반목하고 경쟁하게끔 부추기고 안정을 부여하는 자신들을 자연스럽게 우러러보게 만들었다.

'우린 아프리카인들이니까. 우린 피부색이 검으니까'라는 무의식적인 자기암시와 세뇌. 이러한 의식들은 자기 문화에 대한 열등감, 백인 문화에 대한 무조건적인 추종, 하얀 피부색에 대한 동경의 형태로 나타났다. 반목과 갈등이 커지면 커질수록 이러한 열등의식과 서구 지배에 대한 동조는 더욱 더 커졌다. 한번 효과를 본 서구열강은 끊임없이 민족끼리의 갈등을 부추기게 되었다.

이러한 민족 간 갈등은 서구열강의 압도적인 칼과 총 앞에서는 잠잠해 보였다. 군인과 경찰들의 무자비한 공포통치는 그들을 표면적으로는 누를 수 있었다. 그러나 제2차세계대전이 끝나고 1960년을 전후로 서구열강들이 서서히 아프리카를 떠나면서 전환점을 맞았다. 너무나 갑작스럽게 아프리카에 해방의 봄이 찾아오게 된 것이다. 이러한 갑작스러운 해방은 그동안 식민지배를 통해 억눌려 있던 많은 사회적·민족적 갈등을 불러일으켰다. 서구열강들의 무자비한 식민주의 수탈정책, 문화제국주의, 민족 간 갈등 유도는 아프리카를 두고두고 눈물짓게 만든 비극의 씨앗이다.

르완다에서 생긴 일

아프리카의 가장 대표적인 내전은 영화 〈호텔 르완다〉의 배경인 '르완다 내전'이다. 르완다 역시 우리가 생각하는 가난한 나라는 아니었다. 르완다는 자원이 풍부하고 삼림이 울창한 지역에 위치해 있었다. 케냐의 옆 나라인 만큼, 수많은 아름다운 동식물이 있었고 각지에서 관광객들이 찾아오는 곳이었다. 그러나 아름다운 르완다는 한순간에 지옥으로 바뀌었다. 자와 각도기로 땅이 나뉜 르완다에 오랜 식민지배 기간 동안 반목한 두 민족이 끝내 폭발한 것이다.

이 비극은 1994년 4월, 후투족과 투치족 사이에서 일어났다. 이 내전으로 수십만 명이 학살되고 수백만 명의 난민이 발생했다. 그리고 전쟁의 상처는 아직도 아물지 않았다. 왜 이런 끔찍한 내전이 벌어진 걸까?

르완다는 식민지배 기간 벨기에가 강행한 식민통치 방법의 일환으로 인구의 14퍼센트인 투치족이 85퍼센트인 후투족을 지배하는 차별화정책이 행해졌고 이는 독립 이후, 르완다에 비극을 알리는 내전을 가져왔다. 주변 국가들은 계산기를 두드리며 두 부족 간의 내전을 때로는 방관하기도 하고, 때로는 개입하기도 하며 부추겼다. 그 결과 내전은 무려 4년간 지속되었고 르완다는 황폐화되었다.

내전 이후 남겨진 것은 수많은 전쟁고아와 난민 그리고 치유되지 않은 두 민족 사이의 아픔이었다. 웃으며 음식을 나눠 먹던 이웃사촌 사이에서 서로를 죽이고 복수를 꿈꾸며 비극은 계속되었다. 더욱 가슴

침혹한 르완다 내전. 어린이들이 '호텔 르완다'에 피신하고 있다.

(영화 〈호텔 르완다〉의 한 장면)

아픈 것은 이 내전을 겪은 아이들은 부모와 가족을 잃고 친구를 잃고 평생 가슴에 상처를 담고 살아가야 한다는 데 있다. 르완다 내전은 우리가 60여 년 전 겪었던 한국전쟁과 맞닿아 있다. 우리가 겪은 전쟁의 참화는 아직 아프리카 곳곳에서 현재진행형이다. 서로의 아픔을 알기에 아프리카 내전은 가슴으로 다가가 이해할 수 있는 것이다.

가진 게 너무 많아
슬픈 아프리카

아프리카에 전쟁과 내전이 끊이지 않는 이유는 아이러니하게도 아프리카가 가진 게 많기 때문이다. 우리가 생각하기에 아프리카는 매우 가난한 대륙이다. 1인당 국민소득이 200달러 미만인 국가가 대부분이며 기아와 가난에 시달리고 있다. 하지만 아프리카에도 수많은 천연자원이 매장돼 있고 그 매장량도 풍부하다.

이 자원만 잘 활용해도 충분히 아이들을 가르치고 또 다른 내일을 꿈꿀 수 있었다. 그러나 천연자원이 풍부한 곳에서 오히려 내전과 전쟁이 끊이지 않았다. 핸드폰에 들어가는 금속광물 콜탄coltan을 두고 일어난 콩고의 내전, 광산을 두고 쟁탈을 하던 자이르의 내전, 다이아몬드를 두고 일어난 시에라리온 내전은 모두 아프리카가 가진 게 많아 벌어진 비극이다.

정부관료들은 자원을 개인의 부를 축적하기 위해 사용하며 부패했고, 이를 청산하겠다는 명분으로 무기를 들었던 반군들도 천연자원 채굴권을 갖는 데 혈안이 됐다. 아름다운 자연환경과 천연자원은 정작 아프리카 국민들을 위해 사용되지 못하고 내전에서 승리하기 위한 무기 구입용으로만 활용되었다.

〈블러드 다이아몬드〉는 이처럼 아프리카의 자원을 둘러싼 내전을 있는 그대로 보여 준다. 영화의 주인공인 솔로몬 반디는 시에라리온에서 농사를 지으며 아이를 기르는 평범한 아빠였다. 그의 소망은 아이들에게 신발과 학용품을 사 주고, 아이들이 학교에서 계속 공부할 수 있도록 하는 것이었다. 우리네 평범한 아버지와 다를 게 없었다. 그러나 솔로몬 반디의 꿈은 한순간에 깨지고 말았다.

햇살이 눈부신 평화로운 아침, 반군들이 마을로 쳐들어와 사람들을 학살하고 마을을 불태운 것이다. 이 마을을 그대로 놔둔다면 정부에 협조할지 모른다는 단순한 이유 때문이었다. 반항하는 사람들은 손목을 자르고 신체가 건강한 남자들은 다이아몬드 채굴을 위한 강제노역장으로 끌고 갔다. 이 모든 것은 단지 시에라리온에 살았기 때문에 겪은 일이다.

솔로몬 반디는 졸지에 아들과 생이별을 하고, 아들은 반군이 준 마약에 취해 소년병이 되어 간다. 아들을 구하고 아내와 딸을 찾기 위해 그는 다이아몬드를 훔쳐 달아날 수밖에 없었다. 사랑하는 가족을 지키기 위한, 목숨을 건 탈출이었다. 영화는 평범한 가장의 시점에서 '아프리카의 눈물'을 바라보고 있다. 영화의 소재인 핑크다이아몬드는 반군에게는 무기이자 힘이요 권력이었고, 밀수거래를 위해 아프리카에 온 영화 속 또 다른 인물 대니 아처에게는 아프리카를 탈출할 백인의 꿈이

\# 평화로운 일상을 보내는 반디와 그의 아들.

\# 다이아몬드 채굴 강제노역장에 끌려간 반디.

었다. 하지만 평범한 가장에게는 그저 가족을 되찾기 위한 유일한 희망이었다.

영화 속 강대국들은 아프리카의 분쟁지역에서 들어오는 천연자원 구입대금이 전쟁무기를 구입하는 자금으로 흘러간다는 걸 알면서도 방관한다. 오히려 천연자원의 대가로 무기 직거래를 하면서 이익을 취하기도 한다. 무기를 생산하는 대부분의 국가는 우리가 잘 알고 있는, 소위 선진국들이다. 아프리카의 자원을 활용해 상품을 만드는 곳 역시 선진국이다. 정부군과 반군은 강대국의 방관 아래 한 뼘이라도 더 넓은 영토를 차지하려고 끊임없이 전쟁을 벌이고 아이들까지 강제노역을 시킨다.

하지만 정작 강대국들은 아프리카에서 벌어지는 일에 큰 관심을 두지 않는다. 성명서를 발표하고 국제규약을 말하며 인도적인 차원에서 전쟁을 중단할 것을 촉구하지만, 뒤에서는 계산기를 두드리며 전쟁 물자를 팔고 잇속을 챙긴다. 강대국들의 국민 역시 이런 문제에 무관심하다. 영화 속 기자의 말처럼 "CNN 뉴스에는 잠깐의 이슈에 불과하고 사람들은 다이어트와 스포츠 경기의 승패에 골몰"한다. 아프리카가 아직도 눈물을 흘리는 데는 이런 무관심도 한몫하고 있다.

경제 선생님,
스크린에
풍덩!

빈곤의 악순환으로 내몰린 아이들

정말 나쁜 것은 노동규약과 청소년규약을 저버리며 아이들에게 강제노역뿐 아니라 더한 일도 서슴지 않는다는 것이다. 반군들은 아이들의 고

사리 손에 총까지 들게 한다. 펜과 책을 쥐어야 할 나이에 가녀린 손으로 총과 칼을 들고 거리에 나선 아이들….

영화에서 솔로몬 반디의 아들은 반군에 끌려가 또래들과 함께 마약에 취하고 총을 쏘는 연습을 한다. 그리고 반군과 함께 마을을 약탈하고 정부군과의 싸움에서 맨 앞에 총알받이로 내보내진다. 마약에 취한 아들은 아버지에게 총을 겨누게 되고, 아버지는 눈물로써 옛 추억을 상기시키며 총을 치우게 한다.

국제법에서 만 18세 미만의 미성년자는 소년병으로 규정하고 있다. 그러나 실제로 많은 전장에서 10살 전후의 어린아이도 강제징집이 되며, 그보다 더 어린 아이는 물건을 나르거나 허드렛일을 시키며 자라길 기다렸다가 전쟁터에 내보내고 있다. 국제노동기구(ILO, 노동자의 노동 조건 개선 및 지위 향상을 위해 설치된 국제연합의 전문기구)는 소년병을 지구상 가장 악랄한 형태의 노동이라 비난했고, 국제사회에서도 강력하게 규탄하지만 현실은 달라지지 않는다. 아직도 전 세계에는 약 25만 명 내외의 소년병이 훈련을 받고 있다. 어른들에게 있어 소년병은 가장 손쉬운 살인병기이며 소모품이기 때문이다.

이 끔찍한 학대를 막을 해결책은 없을까? UN총회는 UN평화유지군의 최소 연령을 18세로 규정하고 있으며, 전 세계 대부분의 국가 또한 징집 연령을 18세로 규정하고 있다. 2000년 UN총회는 '무력분쟁 시 아동 개입에 관한 아동권리협약 선택의정서'를 통과시켰다. 2002년 설립된 국제형사재판소(ICC, 집단학살, 전쟁범죄, 반인도적 범죄를 저지른 개인을 처벌하는 세계 최초의 상설 전쟁범죄재판소) 규약에 따르면, 어떠한 정부나 무장조직도 15살 미만의 소년 소녀를 징집 또는 전투원으로 이용하는 건

펜 대신 총을 쥔 소년병들.

전쟁범죄이며, 소년병 학대나 죽음과 관련된 정치지도자들, 군지휘관들에 대한 국제법 단죄가 가능하다고 했다.

　　하지만 현실은 그렇지 못하다. 아이들은 테러와 내전에 끊임없이 내몰리고 있고 전쟁기계로 이용되고 있다. 아이들을 보호해 줄 어른들은 그 어디에도 없다. 적어도 소년병과 소녀들의 안전문제에 대해 국제사회의 공감대 형성과 의지가 필요해 보인다. 강대국인 선진국들이 적극적으로 개입해 협상과 대화를 통해 아프리카 땅에서 전쟁을 사라지게 하는 것이 가장 중요하다.

스미스의 역설

영화와 현실 속에서 아프리카가 끊임없이 싸우는 이유는 다이아몬드 때문이다. 대체 다이아몬드가 뭐길래 이렇게 열광하는 걸까? 다이아몬드는 정말 그만한 가치가 있는 걸까? 그렇다면 이 가치와 효용은 어떻게 정해지는 걸까? 그리고 다이아몬드는 왜 값이 비쌀까?

영화에서 대니 아처뿐 아니라 백인 용병대령, 반군 지휘자는 모두 솔로몬 반디가 발견한 대형 핑크다이아몬드를 얻기 위해 목숨을 내건다. 그들은 이렇게 말한다.

"이것만 손에 넣으면 이 지긋지긋한 땅을 떠날 수 있어."

그들에게 다이아몬드는 어떤 의미일까? 이 많은 질문에 답하기 위해 우리는 영국으로 넘어가 경제학의 거장인 애덤 스미스Adam Smith를 만나야 할 것이다. 그리고 질문의 답을 얻어야 할 것이다.

오래전 애덤 스미스는 그의 책《국부론》에서 질문을 던진다. 실생활에 꼭 필요하고 사용가치가 큰 상품은 교환가치가 작고, 반대로 실생활에 도움이 되지 않고 사용가치가 작은 상품은 교환가치가 큰 이율배반적 현상을 어떻게 볼지에 대해 말이다. 그것이 바로 '스미스의 역설' 또는 '가치의 역설'이다.

상식적으로 다이아몬드보다는 물이 인간의 생존에 훨씬 필요하다. 물 없이 우리는 살 수 없기 때문이다. 하지만 현실은? 생활에 유용한 재화인 물은 가격이 아주 싸고, 다이아몬드는 아주 비싼 값에 거래가 된다. 사실 많은 사람이 다이아몬드만 손에 넣을 수 있다면 영혼도 팔겠다는 생각을 갖고 있다. 현실에서도 많은 이들이 영화에서처럼 다이아몬드를 위해 목숨을 걸고 사투를 벌인다.

그것은 바로 '희소성' 때문이다. 생수 한 병은 언제든 구할 수 있지만 다이아몬드는 그럴 수 없다. 어떤 재화의 한계효용은 그 재화의 존재량에 반비례하는 것이다. 쉽게 말하면 흔한 것은 우리에게 만족감을

반디가 발견한 핑크다이아몬드.

경제 선생님,
스크린에
풍덩!

다이아몬드를 찾기 위해 사투를 벌이는 두 주인공.

주지 못한다. 부존량이 풍부한 물은 한계효용이 낮을 수밖에 없다.

반면에 부존량이 극히 적은 다이아몬드는 공급량이 매우 적고 또한 소비량도 매우 적다. 그렇기에 희소성이 매우 큰 재화이다. 따라서 다이아몬드를 하나 더 가질 때 만족도, 한계효용은 매우 높아진다. 그 때문에 다이아몬드 가격은 매우 비싸게 책정되고, 선택받은 자에게만 돌아가는 재화가 되는 것이다. 이러한 희소성은 시장에서 높은 시장가격으로 책정이 된다.

시장가격이란 상품이 시장에서 거래될 때 붙여지는 상품과 재화의 가격을 말하는데 다이아몬드는 높은 희소성으로 인해 높은 시장가격을 형성하게 된다. 스미스의 말처럼 시장가격은 '보이지 않는 손'으로 작용하며 인간 세상의 수요와 공급을 일치시키는 중요한 작용을 한다. 다이아몬드의 시장가격이 아주 높기에 특별한 의미를 부여받게 되는 것이다. 우리사회는 '희소성', '한계효용', '최저비용의 최대효과', '합리적 선택'이라는 명목 하에 빛나는 다이아몬드 뒤에 '아이들의 피눈물'이 있다는 걸 알면서도 선택하고 있다.

아름다운 다이아몬드의
추악한 뒷모습

풍부한 자원을 가졌음에도 그 자원이 원주민들에게 제대로 돌아가지 않는 이유는 무얼까? 쉽게 볼 수 있는 주변 사례로, 커피 가격은 5,000

원인데 하루 종일 커피콩을 따는 아프리카 아이들에게 돌아가는 돈은 100원이 채 되지 않는 이유는 무얼까? 막대한 양의 음식물 쓰레기가 버려지지만 아프리카 아이들은 빵 한 조각 먹지 못해 죽어 가는 이유는?

거기에는 바로 독과점과 카르텔(기업 간 담합)이 있다. 물론 독과점시장이 나쁜 것만은 아니다. 하지만 이러한 독과점시장이 잘못된 방향으로 흐른다면 많은 경제적 문제가 발생한다.

영화의 중요한 소재인 다이아몬드를 살펴보자. "다이아몬드는 영원하다A Diamond is forever."는 말은 세계 최대 다이아몬드 시장을 과점하고 있는 남아프리카공화국의 기업 드비어즈De Beers가 만들어 낸 광고문구다. 사람들이 다이아몬드를 귀중히 여기는 것은 그것이 단단하고 찬란하며 아름답기 때문만은 아니다. 아름다움 외에 다이아몬드가 가진 속성은 그 값과 가치가 변함없이 지속된다는 것이다.

다이아몬드의 가격은 쉽게 떨어지지 않는다. 이는 다이아몬드 시장이 과점체제이며, 카르텔이 만연하기 때문이다. 시장을 주도하는 드

캐나다에 위치한 세계 최대 규모의 다이아몬드 광산.

비어즈사와 몇몇 업체가 연합해 가격형성을 주도하는 것이다. 다이아몬드의 공급이 과잉되면 어마어마한 자금을 동원해 원석을 구매하고 지하 창고에 보관한 다음 공급과잉 문제를 해결하고, 시간이 지난 후 비싼 가격에 시장에 내놓는 것이다. 그래서 큰 마음먹고 다이아몬드를 구매하려는 일반 소비자들은 뉴스에서 많은 다이아몬드 원석이 채굴되고 있다는 소식을 들어도 높은 다이아몬드 가격에 놀라 발걸음을 돌려야 하는 것이다.

영화 속 등장인물인 매디 보웬의 카메라는 이러한 담합행위와 '블러드 다이아몬드'를 알고서도 구입하는 대형 바이어들을 시종일관 관찰하고 쫓는다. 다이아몬드의 가격담합은 자신의 원석이 제값을 지불받지 못한다고 여겨지면 언제든 붕괴할 수 있다. 하지만 현실은 그 가능성이 희박하다. 자신들의 다이아몬드가 영원하기를 바라는 원석 채굴업자, 국가, 보석업계, 그리고 다이아몬드 소유자들이 이 담합에 암묵적으로 동의하고 있기 때문이다. 이러한 카르텔이 지속되는 한 다이아몬드는 영원히 자신의 가격을 지키며 계속될 것이다.

기아를 만드는 곡물시장 담합

담합행위가 존재하는 시장이 또 존재하는데 바로 곡물시장이다. 세계의 곡물을 거래하는 곡물시장에는 5대 곡물메이저가 있다. 미국계의 카길Cargill, 아처다 대니엘스 미드랜드ADM, 콘 아그라ConAgra Foods, 그리고 유럽계의 루이 드레퓌스LDC, 남미의 분게Bunge가 여기에 해당한다. 이들 메이저업체는 세계 곡물 거래량의 80퍼센트 이상을 차지하고 있으며 곡물시장의 교역과 유통뿐 아니라 곡물가격을 형성하고 공급하는 막강한 위치에 있다. 식량자급률이 낮은 국가에 상당한 압력을 행사하고 심지어 정치와 경제에도 은밀히 개입하고 있다.

실례로 1970년대 스위스의 다국적기업인 네슬레Nesté가 칠레의 대통령 살바도르 아옌데Salvador Allende를 축출한 사건이 벌어졌다. 아프리카에서 일어나는 암살, 쿠데타, 테러에도 이러한 보이지 않는 힘이 존재한다.

우리 역시 여기에서 자유롭지 못하다. 최근 논란이 된 질소과자도 높은 곡물 가격과 밀가루 가격으로 제조단가가 올라간 제과업체들이 가격을 인상하는 대신 과자 양을 줄이고 그보다 더 많은 질소를 넣으면서 발생한 것이다. 거대기업들의 곡물가격 인상은 우리 식탁을 위협하기도 한다. 먹거리 가격은 높아지고, 부모님은 마트에서 살 게 없다며 큰 장바구니를 원망하는 것이다. 곡물시장의 독과점 문제는 이렇게 많은 문제를 갖고 있다.

전 세계의 곡물 생산량은 부족하지 않은데 아프리카에 공급되는 양이 절대적으로 적은 것은 곡물의 가격을 조절하는 곡물업체들이 존재하기 때문이다. 기아와 가난으로 절대적으로 원조에 의존하는 아프리카에는 이런 곡물이 돌아가지 않는 것이다.

　세계 인구의 8분의 1에 이르는 8억 5천만 명이 만성 영양실조를 앓고 있고, 기아로 사망하는 사람은 계속 증가하는 추세다. 아프리카의 상황은 더욱 열악하다. 몇몇 국가를 제외하고는 전체 인구의 40퍼센트 이상이 굶주림에 무방비 상태로 놓여 있다. 선진국에서 육식 과다로 만성 성인병과 당뇨, 비만으로 힘들어할 때 아프리카와 북한에서는 기아로 목숨을 잃는 일들이 동시에 벌어지는 아이러니한 상황이다.

　물론 선진국에서 과다한 육식을 줄이고 음식물 쓰레기를 줄이는 것이 직접적으로 아프리카와 북한의 아이들에게 하루치의 식량으로 돌아가지는 않는다. 하지만 같은 공동체라는 생각, 우리는 모두 지구촌의 아이들이며 하나로 연결되어 있다는 연대의식은 점점 더 희망을 이 땅에 자리매김하게 만들 것이다.

　육식소비를 줄임으로써 아름다운 숲을 조금 더 보호할 수 있을 것

\# 사진기자 케빈 카터가 촬영한, 수단의 굶주린 아이다 독수리.

이고, 이는 지구촌 이상기후를 줄이는 효과로 나타날 것이다. 또한 육식동물의 사료로 쓰이는 많은 곡물들이 장기적인 관점에서 제3세계 아이들에게 전달될 수 있는 연결고리가 될 것이다. 우리가 잔반 없는 식습관을 갖고 음식쓰레기를 줄인다면 굶주린 아이들에게 온전한 음식이 전달될 수도 있을 것이다. 사소하고 귀찮아 보이지만 우리의 적극적인 원조야말로 서서히 아프리카에 희망을 안겨 주는, 작지만 큰 행동이다.

울지 마, 아프리카!

영화는 비극의 땅 아프리카를 그리고 있지만 한편으로는 희망을 말하고 있다. 합리적인 선택, 시장가격, 효율성이라는 경제학적 개념을 넘어선 인간의 또 다른 선택을 영화 속에서 확인할 수 있다. 죽어 가며 솔로몬 반디에게 다이아몬드를 넘기는 대니 아처의 눈빛, 가족을 되찾기 위해 런던에서 바이어를 기다리던 중 쇼윈도 속 다이아몬드 목걸이를 바라보며 생각에 잠기는 솔로몬 반디의 모습, 평범한 뉴요커의 삶을 포기하고 아프리카에서 부조리한 현실을 취재하는 매디 보웬의 카메라와 글에서 우리는 희망을 읽을 수 있다.

우리 주변에도 공정여행을 떠나고 아름다운 커피를 마시는 이들이 있다. 또한 고 이태석 신부님처럼 아프리카에서 봉사를 하며 나눔을 실천하는 많은 사람들이 존재한다. 희망은 지금 우리 안에, 서서히 변화하는 우리들의 눈빛, 공동체 의식, 선택에 있는 것이다.

공정무역이란 한마디로 국가 간 동등한 위치에서 이루어지는 무역을 말한다. 최근 다양한 상품무역에서 공정한 가격을 지불하도록 촉진하는 국제적 사회운동으로 추진되고 있다. 윤리적 소비운동 중 하나이며, 그 대상은 개발도상국에서 선진국으로 수출되는 상품으로 주로 농산물이다. 공정무역은 기존의 국제무역체계로는 세계의 가난을 해결하는 데 한계가 있다는 인식 아래 1990년대부터 시작되었다. 생산자와 소비자 간의 직거래, 공정한 가격, 건강한 노동, 환경보전, 생산자의 경제적 독립 등을 포함하는 개념이다. 가난한 제3세계 생산자가 만든 환경친화적 상품을 직거래를 통해 공정한 가격으로 구입하여 가난 극복에 도움을 주고자 하는 데 그 목적이 있다. 이러한 공정무역을 통해 가난한 나라인 제3세계 국가들은 정당한 원재료의 가격을 받고 이는 다시 교육 등의 사업을 통해 선순환효과를 가지게 된다.

대표적 사례로 공정무역 커피와 공정여행을 들 수 있다. 커피는 석유 다음으로 거래량이 활발한 품목으로 작황 상황에 따라 가격의 폭락과 폭등이 심한 편이다. 따라서 대부분 빈민국인 커피재배농가는 선진국의 커피 확보를 위한 원조 또는 투자라는 명목 하에 불평등한 종속관계에 놓여 있었다. 이러한 불평등 구조에 반대하여 유럽에서는 공정한 가격에 거래해 적정한 수익을 농가에 돌려주자는 '착한 소비'가 시작되었다. 이것이 공정무역 커피의 시작이다. 공정무역 커피는 아동의 노동력을 착취하는 것에 반대하며, 질 낮은 로부스타종의 재배를 지양하고, 생태계 보전을 고려한 유기농 커피다. 우리나라에서도 '아름다운 커피'를 통해 판매하고 있다.

다음으로 공정여행은 생산자와 소비자가 대등한 관계를 맺는 공정무역에서 따온 개념으로, 착한여행이라고도 한다. 즐기기만 하는 여행이 초래한 환경오염, 문명파괴, 과소비 풍조를 반성하고 어려운 나라의 주민들에게 조금이라도 도움을 주자는 취지에서 2000년대 들어 유럽을 비롯한 영미권에서 추진됐고 우리나라에서도 시행중이다. 관광산업은 전 세계적으로 매년 10퍼센트씩 성장하지만 관광으로 얻는 이익의 대부분은 다국적기업에 돌아가기 때문에 공정여행을 통해 현지인이 운영하는 숙소를 이용하고, 현지 생산음식을 먹는 등 지역사회를 살리자는 취지도 담고 있다. 국내에서도 봉사와 관광을 겸하는 공정여행 상품이 등장해 인기를 끌고 있다.

Beautiful Coffee
FAIR TRADE

16,110   116,700   500   3,000   17,242

공정무역 커피를 소개하는 포스터.

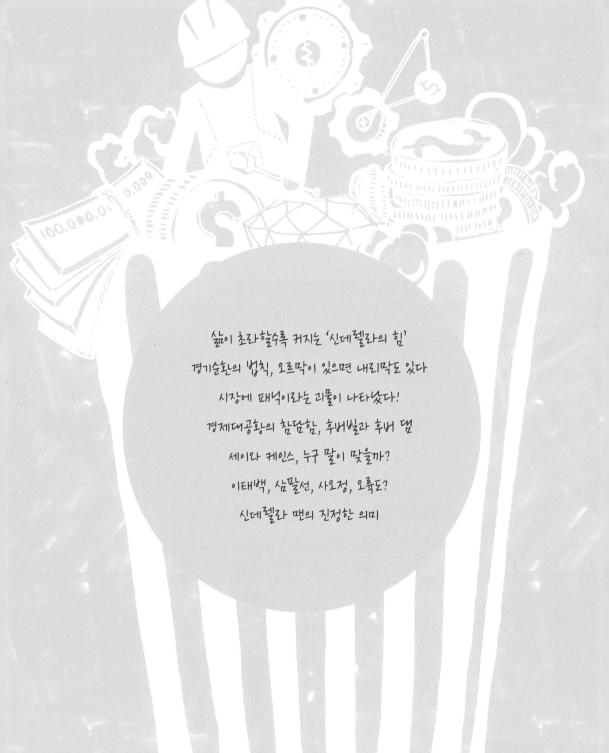

삶이 초라할수록 커지는 '신데렐라의 힘'

경기순환의 법칙, 오르막이 있으면 내리막도 있다

시장에 패닉이라는 괴물이 나타났다!

경제대공황의 참담함, 후버빌과 후버 댐

세이와 케인스, 누구 말이 맞을까?

이태백, 삼팔선, 사오정, 오륙도?

신데렐라 맨의 진정한 의미

세 번째 영화
신데렐라 맨

경제대공황

속에서 영웅이  된

한 남자

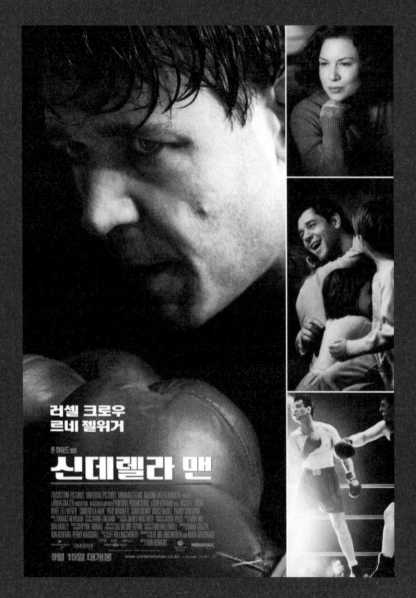

신데렐라 맨

론 하워드 감독

144분

2005년작

삶이 초라할수록 커지는 '신데렐라의 힘'

최근 전 세계에 불어닥친 세계금융위기를 1929년에 발생했던 세계경제대공황과 비교하는 언론보도를 자주 접하면서 많은 사람이 경제대공황에 대해 관심을 갖게 되었다. 역사는 되풀이된다는 말처럼 다시 경제대공황의 공포가 우리 앞에 드리워진 것이다.

경제대공황을 배경으로 만든 영화는 무수히 많다. 그중에서 〈신데렐라 맨〉을 선택한 것은 실존 인물인 '제임스 브래독James J. Braddock'을 통해 복싱 경기 외에도 당시 미국 경제의 최고 암흑기였던 경제대공황의 모습을 자세히 살펴볼 수 있기 때문이다.

〈신데렐라 맨〉이라는 제목만 봤을 때 당장 눈에 들어오는 단어는 '신데렐라'다. 신데렐라는 17세기 프랑스 작가 샤를 페로Charles Perrault가 쓴 민담집 《옛날이야기Histoires ou Contes du Temps Passé》의 한 편인 '상드리용'이 번역 과정에서 '신데렐라'로 옮겨지며 유명해졌는데, 서양만의 전유물이 아니다. 신데렐라형 이야기가 기록된 가장 오래된 문헌은 9세기 당나라의《유양잡조酉陽雜俎》다. 한반도 곳곳에서도 신데렐라와 꼭 닮은 '콩쥐팥쥐' 설화가 있고, 유럽과 아시아에도 적어도 500개가 넘는 신데렐라형 설화가 구전돼 왔다. 신데렐라형 설화의 공통점은 궂은일을 도맡는 착한 여자가 떨어뜨린 신발을 빌미 삼아 신분상승에 성공한다는 것이다. 그 원형이 힘을 잃지 않는 것은 신데렐라가 동서고금 신분사회에서 '없는 자'들의 신분상승 욕망을 구현하는 판타지이기 때문이다.

미국 전역이 심각한 불황의 늪에서 허덕이던 시기, 한때 유망한 라이트헤비급 복서였던 브래독은 패배를 거듭하다 결국 복싱을 포기하게 된다. 이후 부두에서 막노동 일을 전전해 보지만 가족의 생계를 책임지기에는 턱없이 부족했다. 하루 벌어 하루 먹고사는 팍팍한 생활. 하지만 그는 여전히 자신의 꿈인 복싱을 놓지 않았고, 마침내 링 위에서 기적을 만들어 냈다. 경제암흑기 시절, 브래독은 많은 사람에게 희망이 됐고 꿈이 됐다. 맨주먹 하나로 가족을 위해 링에 올라 인생역전을 이뤄 낸 그를 사람들은 '신데렐라 맨'이라 불렀다.

경기순환의 법칙
오르막이 있으면 내리막도 있다

영화는 브래독이 유망한 라이트헤비급 복서일 때의 상황에서 시작한다. 당시 출세가도를 달리던 그의 집은 근사했고, 아무 걱정 없는 단란한 가족이었다.

1920년대는 제1차세계대전이 끝나고 평화와 번영을 축하하던 미국의 황금기였다. 또한 스포츠인 복싱의 황금시대였다고도 할 수 있다. 20세기 초, 여러 인종이 융합된 미국에서는 각기 다른 이민 집단들이 자국의 선수를 통해 자부심을 느꼈고, 선수들은 자국 국기를 단 유니폼을 입고 링 위에 올랐다. 강력한 오른손 주먹으로 유명한 뉴저지 출신의 아마추어, 제임스 브래독이 프로 선수로 전향한 것은 바로 이 시기였다. 여느 노동자 가정의 아이들과 마찬가지로, 브래독 역시 복싱을 출세를 위한 티켓으로 생각했다. 복싱은 그의 유일한 특기였으며 한동안 그의 실력은 유감없이 발휘되었다.

자신보다 덩치가 훨씬 큰 상대와도 끝까지 싸우는 강인함 때문에 '버건의 불독'이라는 별명까지 붙은 그는, 그야말로 전도유망한 선수였다. 그러나 오른손의 잇단 부상으로 그의 복서 생활은 사양길에 접어들기 시작했다. 1933년 9월 25일, 경제대공황 4년째. 그는 허름한 집에서 전기와 가스가 끊길 위기에 처했고, 우유와 음식 또한 부족해 딸은 굶주린다. 예기치 않은 경제대공황이 찾아오면서 모든 것이 변해 버린 것이다. 브래독은 인생의 최고 정점에서 바닥으로 치닫는 끔찍한 처지가 되고 만다.

"오르막이 있으면 내리막도 있다."는 말이 있다. 세상을 살다 보면 오르막길처럼 잘 되는 시기가 있는 반면 내리막길처럼 잘 안 되는 시기도 있는 것이다. 경제도 마찬가지다. 호경기가 있으면 불경기도 있다. 수요와 공급의 불일치로 경제가 호황과 불황을 순환하기 때문에 자본

신데렐라 맨
경제대공황
속에서
영웅이 된
한 남자

\# 아들과 오붓하게 걷고 있는 브래독.
경제대공황 이전, 그는 평범한 아빠였다.

\# 복서로 이름을 날리던 전성기 시절,
팬들에게 사인해 주는 브래독.

주의 경제에서 경기침체는 당연한 일이다. 그럼에도 1929년을 경제대공황이라 부르는 것은 그 정도가 너무 심각하고 장기적이며 전 세계 경제를 파국으로 몰고 갈 정도로 큰 영향을 미쳤기 때문이다.

1929년 1월 1일자 〈뉴욕타임스〉의 사설에는 "미국은 지난 12개월 동안 최고의 번영을 누렸다. 과거에 근거해 미래를 예측한다면 새해는 축복과 희망의 한 해가 될 것이다."라는 기고가 실렸다. 〈뉴욕타임스〉는 경기가 호황의 끝에 이르면 침체가 시작된다는 경기순환의 법칙을 몰랐던 모양이다.

경기는 확장-후퇴-정체-회복 국면이 반복되는데, 경기회복기에는 실업률이 감소하고 소득이 증가한다. 소득이 느니 소비가 증가하고 수요의 증가에 따라 공급도 증가하게 된다. 결국, 기업은 공급을 늘리기 위해 더 많은 사람을 고용하고 이는 또다시 소득 증가와 경기 확장으로 이어진다. 그러나 이러한 경기 확장기에는 기업이 생산시설을 모두 가

회복-확장-후퇴-수축을 반복하는 경기순환

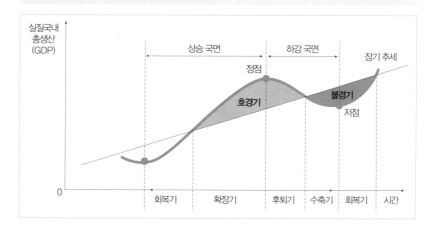

동해도 수요를 만족시킬 수 없는 초과수요 상황이 벌어져 가격이 급등하는 버블Bubble이 생기기도 한다. 버블이 생기면 기업은 높은 가격에 맞춰 공급을 더 늘리기 위해 설비투자를 하지만 과잉투자로 인해 초과공급이 발생하면 가격이 하락하고 기업이 문을 닫게 되면서 경기는 또 후퇴하게 된다. 후퇴기에는 다시 기업이 구조조정을 통해 공급을 줄이게 되고 경기는 순환하게 된다.

경기가 변동하는 요인에 대해서는 학자들에 따라 다양한 분석을 내놓고 있다. 이러한 분석에 근거하여 경기변동의 주기를 살펴보면, 기술 혁신, 전쟁, 발명 등에 의한 파동으로 그 주기가 약 50년 정도 되는 장기파동이 있는가 하면, 기업의 설비투자 변동이 주된 원인인 약 10년 주기의 중기파동, 3~4년 주기의 단기파동 등이 있다. 이러한 경기변동 중 호경기에서 불경기로 진행이 급속할 경우 사람들은 매우 당황하고 혼란에 빠지게 되는데, 이를 '공황'이라고 한다. 세계경제대공황이 대표적인 예다.

시장에 패닉이라는
리물이 나타났다!

'패닉panic'이란 말은 그리스로마신화의 팬Pan이라는 신에서 유래했다. 팬이 태어날 때 그 흉측한 모습에 모두가 놀랐다고 한다. 상반신은 사람의 모양이었으나 얼굴에는 덥수룩한 수염, 머리에는 흉측한 뿔이 달렸고, 하반신은 염소의 발과 꼬리를 가지고 있었다. 이 때문에 공포를 의미하는 패닉이란 말이 생겨난 것이다. 역사적으로 패닉의 위력을 가장 실감 나게 체험한 것은 세계경제대공황일 것이다.

이 대공황의 근본적 원인은 당시 미국 경제의 기반이 매우 취약했다는 데 있다. 1920년대 미국 경제는 번영과 호황의 시기로 기록되지만, 농업부문만은 예외였다. 농부들은 몇 년간 지속된 과잉생산과 낮은 농산물 가격으로 인해 많은 고통을 겪고 있었다. 그러다 보니 당시 인구의 반 이상을 차지하는 농부와 비숙련 노동자의 소득이 감소하면서, 그들은 호황기 동안 투자확대로 나타난 많은 상품을 구매할 여력이 없었다. 그러나 이와 반대로 호황의 혜택을 누리던 고소득층의 과도한 금융투기로 인해 주식시장에는 거품이 팽배해 있었다. 이러한 상황에서 그동안 곳곳에서 누적돼 온 불안 요인들이 한꺼번에 폭발하면서 대공황으로 나타난 것이다.

문제가 먼저 곪아 터진 곳은 바로 주식시장이었다. 주식시장 역시 1920년대에는 하락이란 말을 모를 정도로 하루가 다르게 주가가 치솟았다. 근로자도, 운전기사도, 농부도 본업은 뒷전이고 오로지 주식 이야기만 하며 투자에 매달렸다. 돈이 없으면 대출을 받아서라도 주식을 사야 한다고 믿을 정도로 투기열풍이 분 것이다. 그러던 1929년 10월 24일, 그날도 열리자마자 상승세를 타기 시작했던 주식시장은 일순간에 패닉에 빠졌고 주가는 급락했다. 이날을 우리는 '검은 목요일Black Thursday'이라고 부른다. 이날의 주가폭락 이후 며칠 동안은 주식시장이 잠잠했지만, 이는 폭풍 전의 고요였다. 며칠 뒤인 10월 29일 화요일, 미국 월 스트리트의 주가는 본격적으로 붕괴되기 시작해 3년 후에는 주

\# 검은 목요일, 주가가 폭락하자
뉴욕 월 스트리트로 몰려든 사람들.

\# 경제대공황 후 형성된 대판적인 빈민촌, 후버빌.

가가 1929년에 비해 10분의 1 정도밖에 되지 않았다.

　　브래독 역시 대공황이 찾아오기 전, 택시회사에 투자했다. 그는 "버는 건 전부 택시회사에 투자했는데 뉴욕에서 택시회사가 망할 줄 누가 알았겠어? 손자들한테 물려주려고 했는데."라며 씁쓸한 탄식을 내뱉는다. 함께 잡부로 일하던 친구 마이크 윌슨은 자신도 주식중개를 하다가 증권가가 무너져 막노동에 뛰어들었다고 고백한다. 그는 "정부에서 우릴 버렸어. 힘을 모아서 싸워야 해."라고 말한다. 그리고 이 말은 80여 년 뒤 발생한 미국의 2008년 세계금융위기에서도 절묘하게 반복된다.

경제대공황의 참담함, 후버빌과 후버 댐

브래독과 마이크 윌슨의 대화에는 '후버빌Hooverville'이 등장한다. 후버빌은 빈곤층이 모여 사는 도시 변두리의 판자촌이다. 마이크 윌슨은 이 후버빌에서 무책임한 정부에 맞서 투쟁을 하다가 최후를 맞게 된다.

　　미국 언론에서는 가끔 역대 대통령 중 최악의 대통령을 선발해 발표한다. 최악의 대통령을 거론할 때 늘 후보에 오르는 인물은 1928~1933년까지 재임한 제31대 대통령 허버트 후버Herbert Hoover다. 경제가 뚜렷한 하향곡선을 그리고 있었지만, 후버 대통령은 곧 나아질 것이라 낙관하며 경제에 대한 그 어떤 개혁도 단행하지 않았다. 결국 그는 대공황의 한복판에서도 빈민구제에 정부예산을 쓰지 않는 잔인한 지도자라는 오명을 쓴 채 쓸쓸히 물러나야 했다.

후버 대통령의 경제정책 실패로, 국민들은 차츰 일자리를 잃고 살던 집을 버린 채 빈민가를 찾아들게 되었다. 미국 전역에서 실업자와 그 가족들로 빈민촌이 형성되었는데, 이를 후버 대통령의 이름을 따 '후버빌'이라고 불렀다. 후버빌 거주자들은 구걸이나 쓰레기를 뒤져 연명하는, 대공황의 참담함을 보여 주는 대표적 사례였다. 그나마 빈민촌에서도 살지 못하고 노숙자 신세가 된 사람들은 담요 대신 신문지를 이불 삼아 지내는 일도 허다했고, 사람들은 이불을 대신할 신문지를 '후버 담요Hoover blanket'라고 부르기도 했다.

후버 대통령과 관련하여 '후버 댐Hoover Dam'도 빼놓을 수 없다. 이 댐의 이름 역시 대통령 이름에서 비롯됐다. 2007년 개봉한 블록버스터 영화 〈트랜스 포머〉에서 후버 댐은 외계에너지와 외계생명체를 대중 몰래 꼭꼭 숨겨 놓은 비밀 장소로 등장한다. 물론 사실은 아니고 후버 댐의 어마어마한 규모에서 착안한 영화적 상상력의 산물이다.

후버 댐은 인류사에 기록될 만한 토목사업 중 하나다. 1931년에 착공해 1936년에 완공된 아치형 콘크리트 중력 댐으로 높이만 무려 221미터이고 기저부의 두께는 200미터에 이른다. 댐을 짓는 데 660만 톤의 콘크리트가 쓰였는데, 이는 아프리카 코끼리 100만 마리의 무게에 해당한다. 뉴욕 엠파이어스테이트 빌딩의 두 배 반 높이의 피라미드형 건물을 지을 수 있으며, 사용된 콘크리트는 미국 횡단고속도로를 놓을 수 있는 양이다.

대통령 후버는 댐이 자신의 업적임을 강조하기 위해 자기 이름을 댐에 붙였다. 그러나 경제대공황으로 인해 미국 경제는 나락으로 떨어

미국 최대의 댐, 후버 댐.

지고 있었고, 후버는 재선에 실패해 1933년 민주당의 프랭클린 루스벨트Franklin Roosevelt에게 정권을 내주고 말았다.

　루스벨트는 전 정권이 망친 경제를 어떻게든 되살리겠다며 '뉴딜정책New deal'을 강력히 추진했다. 대규모 일자리 창출을 위해 토목건설사업을 추진했고, 여기에는 후버 댐 건설도 포함됐다. 엄격히 말하자면 후버 댐 사업은 뉴딜정책 이전에 치수 및 전력생산 용도로 이미 시작됐지만, 정치적 목적 때문에 뉴딜정책의 간판사업으로 편입된 것이다. 루스벨트는 자신의 치적을 부각하기 위해 후버 댐의 이름을 '볼더 댐'으로 바꿨으며, 1936년 댐 완공식에도 참가했다. 후버의 입장에서는 억울한 일이었다. 그는 적어도 볼더 댐만은 자신의 치적임을 알리고 싶어했다. 그의 호소는 루스벨트 정권이 끝나고서야 받아들여졌다. 루스벨트의 뒤를 이은 트루먼 대통령이 1947년 이 댐의 이름을 다시 후버 댐으로 되돌리는 데 찬성한 것이다.

세이와 케인스, 누구 말이 맞을까?

브래독이 일자리를 구하러 가는 거리에는 "사업은 엎어지고, 증권은 바닥치고. 모두 무일푼. 힘내요! 국민들. 행복한 날이, 번영한 날이 와요."라는 가사의 노래가 흘러나온다. 그러나 이런 노래는 실업과 빈곤으로 힘들어하는 모두에게 희망이 되지 못했다. 실업자가 1,500만 명을 기록하는 최악의 상황까지 갔기 때문이다.

대공황과 20퍼센트 이상의 대량실업을 두고서 전통적인 고전학파 경제학은 일정한 시간이 지나면 번영이 회복된다고 주장했다. 실업자들이 더 낮은 임금으로라도 일하려고만 하면 일자리를 구할 수 있고, 기업가는 상품가격을 내리면 매출액을 회복할 수 있다는 것이다.

애덤 스미스 이래로 고전학파라고 부르는 기존의 주류 경제학은 시장의 '보이지 않는 손'을 숭상해 왔다. 19세기 초 프랑스 경제학자 세이Jean-Baptiste Say는 '공급이 수요를 창출한다.'는 법칙을 주장했다. 경제가 수요와 공급의 불균형 상황에 빠지더라도 이는 일시적 현상이고 장기적으로 수요가 공급에 맞춰 자율적으로 조정되기 때문에 경제는 늘 균형을 유지할 수 있다고 봤다. 이러한 세이의 주장을 경제학자들은 '세이의 법칙'이라고 불렀다. 어떻게든 공급만 잘 이루어지면 시장에서 적정가격에 적정량이 팔리기

\# 거시경제 이론을 창시한 케인스.

때문에 상품이 판매되지 않아 기업이 휴업을 하고 실업자가 발생하는 사태는 이론적으로 있을 수 없다고 본 것이다. 하지만 1930년대 대공황처럼 상품이 판매되지 않아 공장이 문을 닫고 대량실업과 함께 설비들이 노는 사태가 발생해 고전학파 이론은 비판을 받게 된다.

케인스 John Maynard Keynes 는 "장기적으로 보면 우리 모두는 죽고 없다."는 말로 고전학파의 모순을 지적하고 총수요의 크기가 총공급을 결정한다는 '유효수요의 원리'를 주장하게 된다. 케인스 이론의 핵심은 수요가 부족할 때 불황이 발생하기 때문에 수요를 촉진하면서 불황의 수렁 속에서 빠져나올 수 있다는 것이다. 케인스는 완전고용을 실현하고 유지하기 위해서는 자유방임주의가 아니라 소비와 투자, 즉 정부의 보완책이 필요하다고 주장했다. 불황이 닥쳐 소비자와 기업이 일제히 주머니를 닫아 버려 불황의 골이 깊어지면, 남은 선택은 정부가 소비를 늘리는 길뿐이라는 것이다.

케인스는 경기침체 상황에서 정부지출을 증가시키는 것이 마치 메마른 펌프에 물을 붓는 것과 같은 효과를 낸다고 설명했다. 지금은 보기 힘들지만 예전에는 펌프로 지하수를 퍼 올리는 광경을 심심치 않게 볼 수 있었다. 그런데 펌프가 말라 있을 때에는 아무리 손잡이를 움직여도 소용이 없다. 이때는 물을 한 바가지 퍼 넣어 피스톤 밸브에 공기가 통하지 않게 만들어 주어야 비로소 물이 나오게 된다.

경제불황에 빠져 있을 때 정부지출을 늘리는 것은 바로 이 마른 펌프에 물 한 바가지를 퍼 넣는 효과라고 케인스는 주장한다. 한 바가지 물이 몇 통의 물로 불어나듯, 정부지출의 증가는 승수효과multiplier effect를 통해 몇 배나 더 큰 국민소득 증가로 이어진다는 것이다.

정부가 100억 원 규모의 토목공사를 한다고 가정해 보자. 공사를 위해 시멘트와 철강 등을 구입하면 토목사업에 참여한 기업의 소득이 100억 원 증가한다. 기업들은 증가한 소득 100억 원을 노동자에게 분배한다. 노동자들은 소득이 증가했기 때문에 소비를 늘린다. 물론 상식적으로 100억 원을 모두 쓰지는 않을 것이며, 대략 90억 원 정도 쓴다고 하자. 소비된 90억 원은 다시 어느 다른 기업들의 매출로 잡히고 다시 노동자에게 분배된다. 노동자 소득이 90억 원만큼 증가하면, 이들도 90억 원을 모두 쓰지는 않고, 그 일부인 81억 원 정도만 소비한다. 이 소비로 또 다시 다른 기업의 매출이 81억 증가하고, 노동자에게 소득을 분배하고, 다시 소비하고…. 이런 과정은 매출액이 점차 0에 가까워지는 순간까지 계속될 것이다. 정부가 처음에 지출한 돈은 100억에 불과했지만, '기업의 매출증가 → 가계 소득 및 소비 증가 → 기업의 매출 증가'라는 연쇄반응을 통해 총수요가 커지는 것. 이것이 바로 승수효과다.

정부가 대규모 예산을 편성하여 도로나 항만 등 사회간접자본 시설을 늘리고 실업자들에게 임시 일자리를 주는 등 정부지출을 늘리면 그 소비 효과가 민간에 파급되는데, 정부가 돈을 푼 것에 대해 경기회복의 효과가 훨씬 빠르고 큰 규모로 파급되는 것이다.

이제는 경제학을 처음 배우는 사람조차 잘 아는 사실이지만 당시 고전학파를 중심으로 한 경제학계 풍토에서는 '케인스 혁명'으로 표현할 만큼 혁명적인 발상의 전환이었다. 거시경제 이론이라고 부르는 하나의 거대한 분야가 그에 의해 새로이 탄생했다고 해도 과언이 아니다.

이태백, 삼팔선, 사오정, 오륙도?

경제대공황 시기, 평범한 사람들이 구세군 보호시설에 모습을 나타내면서 나라 전체가 충격으로 휘청거렸다. 수천 명의 사람들이 직업을 찾아 나라 전체를 배회했으며 국가적 차원의 방황이 시작된 이래 처음으로 많은 미국인이 배고픔과 영양부족에 시달렸다. 또한 직업을 잃은 남성들의 자살률이 급등했다.

브래독은 자신의 인생이 산산이 부서지는 것을 지켜보았다. 지방 복싱위원회가 그의 선수 면허를 취소하고 은퇴를 종용하자 브래독은 허드렛일을 찾아다녔다. 닥치는 대로 일을 했으나 다섯 명의 가족을 먹여 살리기에 한 달에 24달러는 턱없이 부족했다. 더 이상 가족의 우유와 가스, 전기 등 기본 생활비를 충당할 수 없게 되자 브래독은 생활보호대상자 신청을 하게 되고, 이는 그의 자존심에 심각한 타격을 입혔다. 브래독은 조금이라도 돈을 벌기 위해서 일일 잡부를 해 보려 하지만 많은 실업자들이 모인 곳에서 단 아홉 명이 선발되는 일자리를 얻기란 하늘의 별따기였다.

요즘 '평생직장'이란 말이 사라진 지 오래다. 1997년 외환위기 이후 어떤 기업도 평생 고용을 보장하지 않는 상황에서 20대 태반이 백수라는 '이태백', 38세가 정년선이라는 '삼팔선', 45세면 정년을 맞는다는 '사오정', 56세까지 회사에 있으면 도둑이라는 의미의 '오륙도' 등 취업난과 불황을 반영한 신조어가 무성하다.

실업은 가계의 소득을 감소시켜 소비생활을 어렵게 할 뿐 아니라, 개인에게 심리적 좌절감과 우울증을 유발해 정상적인 사회생활을 힘들게 만든다. 또한 오랫동안 실업상태가 지속되면 재취업의 기회도 줄어들 가능성이 있다. 실업은 가족해체, 생계형 범죄와 같은 사회문제를 야기하기도 한다. 실업률이 1퍼센트 증가할 때마다 스트레스 관련 사망이 1.9퍼센트 증가하고, 자살이 4.1퍼센트 늘어나며, 범죄율도 크게 는다는 외국의 보고서가 있다. 따라서 안정된 고용 수준을 유지하는 것은 개인뿐 아니라 사회 전체를 위해서도 매우 중요하다.

신데렐라 맨의
진정한 의미

신데렐라는 어느 날 갑자기 화려한 각광을 받거나 대단한 행운을 누린 대상에게 붙는 칭호다. 그러나 그 원뜻은 '재투성이 아가씨'이다. 영화 〈신데렐라 맨〉의 주인공 브래독은 신데렐라의 이러한 양면적인 의미가 그의 인생에 집약돼 있다는 점에서 영화 타이틀로 더할 나위 없이 잘 어울린다.

영화는 지금까지 살펴보았듯 경제공황기 국민에게 희망의 위대함을 일깨운 국민복서 제임스 브래독의 입지전적인 삶을 영화화했다. 오른손 부상 때문에 복싱계를 떠난 브래독은 부상의 고통을 속으로 억누르고 다시 링 위에서 불타는 투혼을 펼친다. 바로 가족들이 가난 때문에 뿔뿔이 흩어져서는 안 된다는 가장의 책임감 때문이다. 마치 아무도 기대하지 않았던 2002년 한국 축구대표팀이 월드컵 4강 신화를 이뤄 낸 국민들에게 일치단결의 황홀과 '할 수 있다'는 희망의 극치를 맛보게 한 것처럼, 왜소한 노장 브래독이 링 위에서 펼치는 사생결단에 가까운 혈투에는 경제공황기를 힘겹게 살아가는 국민의 간절한 소망이 실려 있다. 뉴욕의 서민들은 부둣가의 재투성이 퇴물이 화려하게 재기한 모습을 보고 공황기를 이겨 낼 희망을 얻었다.

우리나라에도 브래독과 같은 스포츠 영웅이 있었다. 대한민국이 IMF(국제통화기금)라는 사슬에 묶여 신음하고 있던 지난 1997년 여름, 실직자 가족은 거리로 내쳐졌고 간신히 밥줄을 잡고 있던 사람들도 언제

\# 링 위에서 투혼을 발휘하는 브래독.

경제 선생님,
스크린에
풍덩!

\# 절망의 시기를 이겨 내고 가족과 함께
다시 행복을 누리는 브래독.

불어닥칠지 모를 해고의 공포에 떨고 있었다. 끝이 보이지 않는 절망의 시간. 그때 우리에게 손을 내민 영웅들이 있었다.

　박세리는 1998년 LPGA(여자 프로골프 리그) 최고 권위의 US오픈에서 극적인 우승을 차지했다. 연못에 빠진 공을 치기 위해 양말을 벗자 드러난 하얀 발은 고된 훈련으로 검게 그을린 그의 허벅지와 아름다운 대조를 이루며 보는 이들의 가슴을 뭉클하게 했다. 골프에 박세리가 있다면 야구엔 박찬호가 있었다. 나라가 경제 위기로 신음하던 IMF 시절 국민들은 박찬호의 경기를 보며 희망과 즐거움을 얻었고 그에게 뜨거운 응원을 보냈다. 박찬호의 1승이 우리의 1승이었던 시절, 그는 힘들고 어려울 때 위로와 꿈이 돼 주었다. 이렇게 보면 IMF 외환위기를 겪은 우리에게는 더욱 의미 있는 영화다.

　주식폭락으로 전 재산을 잃다시피 하고 자신의 밥줄인 복싱마저 포기했던 브래독. 그가 다시 일어서는 일련의 과정은 절망스러운 경제난을 온몸으로 통과하는 오늘날의 우리에게 귀감이 될 것이다. 브래독이 그랬던 것처럼 어떤 절망 속에서도 희망의 끈을 놓지 않는 게 중요하다. 희망이 있으면 우리는 강해지고 절실해진다. 살아가야 할 이유도 더욱 분명해진다. 희망은 우리가 살아가는 가장 강력한 연료다.

　이 영화를 통해 대공황 시기 일반인들이 어떤 삶을 겪었는지 간접 체험해 볼 수 있었고, 가슴속에 감동 그 이상의 무엇인가를 얻을 수 있었다. 이처럼 책 속에서나 볼 수 있었던 경제를 영화 속에서 발견한다는 것은 경제를 더욱 쉽게 배울 수 있는 재미있는 방법이 될 것이다.

케인스는 1931년에 "여러분 소비를 해야 경제가 회복됩니다."라는 말을 강조하며 방송을 한다. 소비를 늘려 고용을 창출한 것은 케인스의 고용정책 아이디어였고, 이런 소비 부추김은 당시의 시대 상황에 적합한 것이었다.

케인스만이 이런 메시지를 던진 건 아니다. 우리에게는 이미 18세기 실학사상을 전파하는 데 앞장선 인물, 박제가가 존재한다. 그는 자신의 저서 《북학의(北學議)》에서 이렇게 말한다.

"무릇 재물은 우물과 같다. 퍼서 사용하면 다시 물이 고인다. 하지만 안 퍼내면 그냥 우물의 역할을 하지 못하게 된다. 비단옷을 사 입는 사람이 많아야 비단옷 만드는 이들과 바느질을 하는 이들이 벌어먹고 살게 된다."

박제가는 우물물은 퍼 쓸수록 맛이 있다는 '우물론'을 통한 경제회복책을 전개했다. 우물물은 일정한 속도로 계속 퍼 쓰지 않으면 물이 고여 썩게 마련이다. 계속 퍼 써야만 다시 깨끗한 물이 차오르고 맛이 좋아진다. 한 나라의 부(富)는 마치 우물과 같아서 어떤 물건이라도 사용하는 사람이 늘어야 그 물건을 만드는 사람도 늘고, 따라서 소비가 생산을 촉진하게 된다. 소비가 없는 생산은 상품의 재고를 가져오고 실업을 일으키며 궁극적으로는 경기침체와 공황을 가져온다.

일반적으로 우리는 저축을 하지 않고 소비만 하면 가난해진다고 생각한다. 하지만 박제가는 반대 주장을 편다. 이것이 바로 '절약의 역설(paradox of thrift)'이다. 절약의 역설이란 케인스가 제안한 이론으로 개인의 입장에서 보면 절약해서 저축을 늘리는 것이 합리적이지만 사회 전체의 입장

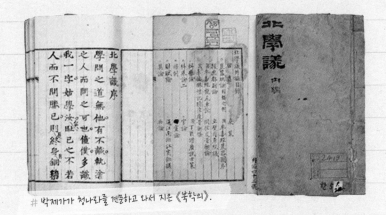

박제가가 청나라를 견문하고 와서 지은 《북학의》.

에서는 오히려 총수요를 감소시키고 총수요의 감소는 국민경제 전체적으로 국민소득의 감소를 초래해 결국 개인도 소득이 줄어든다는 이론이다.

박제가는 《북학의》에서 검소, 사치, 건전한 소비를 엄격히 구분하여 이러한 과정을 정확히 지적하고 있다. 지나친 절약은 '저소비-저투자-저생산-저고용-저소득'으로 이어져 빈곤의 악순환을 발생시키는 반면, 건전한 소비는 유효한 수요로써 국민경제를 활성화시킨다고 생각하였다.

박제가와 케인스는 뛰어난 통찰력으로 같은 문제를 정확하게 지적했다. 하지만 두 사람에 대한 평가는 사뭇 다르게 나타나고 있다. 케인스는 '20세기 최고의 경제학자'라는 찬사와 함께 '가장 날카롭고 가장 투명한 지성의 소유

청나라의 화가 '나빙'이 그린 박제가의 초상화.

자'로 불렸다. 반면 박제가는 케인스에 비해 158년이나 앞서 같은 주장을 폈음에도 제대로 된 평가를 받지 못했다. 하루라도 빨리 우리나라 학자들의 업적이 올바르게 평가 받도록 후세들이 노력해야 할 것이다.

아르헨티나의 정신적 지도자, 에바 페론은 누구?

노동운동가에서 한 나라의 영부인으로

경기부양책은 정치적 속임수?

재정적자, 정부 살림살이에 켜진 빨간불!

국가가 파산하면 어떻게 될까?

세금과 죽음, 누구도 피할 수 없는 운명

난쟁이의 행진이 뭐지?

지니계수로 보는 우리나라의 소득분배

정치와 경제는 언제나 한 몸!

네 번째 영화
에비타

정치와 경제는
동전의 양면

\ 에비타

\ 앨런 파커 감독

\ 134분

\ 1997년작

아르헨티나의 정신적 지도자, 에바 페론은 누구?

'남미의 파리'라 불리는, 아르헨티나의 수도 부에노스 아이레스는 많은 이들에게 축구와 탱고를 떠올리게 한다. 그리고 하나 더! 바로 영화 〈에비타〉다. 이 영화는 1978년, 뮤지컬 〈에비타〉를 통해 전 세계적으로 알려졌고 앨런 파커 감독, 마돈나 주연의 영화로 리메이크되어 우리에게도 친숙한 작품이다.

영화의 첫 장면은 주인공 '에바 페론Eva Peron'의 죽음을 알리면서 시작된다. 1952년 7월 26일 어느 극장, 잘 돌아가던 영사기가 갑자기 멈추고 화면이 정지된다. 극장 안 사람들은 야유를 보내며 아우성을 친다. 그 순간 누군가 극장 단상 위에 올라서서 말한다.

"오늘 저녁 8시 25분, 우리의 영원한 정신적 지도자이신 에바 페론 영부인께서 돌아가셨음을 알려 드립니다."

극장에 있던 사람들은 충격을 받고 어린아이부터 노인까지 서로를 부둥켜안은 채 눈물을 흘리며 극장을 떠난다. 도대체 에바가 누구이기에 나라 전체가 상실에 빠진 걸까?

에바는 '에비타Evita'란 애칭으로 더 널리 알려진 여성이다. 에비타는 아르헨티나 말로 '작은 에바'란 뜻인데, 그만큼 가냘프고 앳된 몸매로 아르헨티나 국민들, 특히 빈민촌의 서민들에게 절대적인 사랑을 받은 여성이었다. 장례식 장면에서 국민들이 보인 광적인 애도만 보더라도 그녀가 아르헨티나 국민들에게 얼마나 절대적인 존재였는지 알 수 있다.

노동운동가에서
한 나라의 영부인으로

영화 〈에비타〉의 배경이 된 아르헨티나는 16세기 스페인의 탐험가들에게 '은의 땅'으로 알려졌으나 탐험가들은 그곳에서 은을 발견하지 못했다. 하지만 그보다 더 가치 있는 팜파스Pampas를 발견했다. 인디오 말로 평원을 뜻하는 거대한 초원 팜파스는 국토의 25퍼센트를 차지하고 있었는데, 농·목축업 등 1차산업이 중심인 아르헨티나 인구의 4분의 3이 이곳에 밀집해 살고 있었다.

1930년대, 아르헨티나는 세계 7대 부국이었으며 1913년 남미 최초로 지하철이 개통되었을 정도로 선진국이었다. 주요 수출품은 밀과 고기였고 제2차세계대전 때는 어느 편도 들지 않는 중립외교로 양쪽

진영에 식량을 공급해 20억 달러라는 큰
외화를 축적하기도 했다.

에바 페론의 초상.

우리가 어렸을 때 재미있게 읽었던
동화 《엄마 찾아 삼만리》는 이탈리아 제
노바에 사는 주인공 마르코가 아르헨티
나로 일하러 간 어머니를 찾아가는 이야
기이다. 당시 이탈리아는 심각한 경제불
황에 빠져 있었고 많은 사람들이 부자 나
라인 아르헨티나로 가는 배에 올랐다. 유
럽에는 '아메리칸 드림'과 함께 '아르헨티나 드림'이 거셌을 정도로 당
시 아르헨티나는 세계적 부국이었다. 수도 부에노스아이레스는 아메리
카 대륙의 전체 도시들 가운데 뉴욕 다음으로 큰 도시가 됐고 문화의
중심지로 명성을 떨쳤다. 하지만 번영은 부에노스아이레스에 국한됐
다. 많은 이민자가 유입됐고 빈부격차는 점차 극심해졌다. 귀족계층은
유럽의 물질문명을 향유하며 고풍스러운 여가생활을 즐겼지만 노동자
들은 비참한 삶을 지속해야 했다. 억눌려 있던 민중들의 요구가 쏟아졌
고, 그 중심에 에비타가 있었다.

에바는 태어나면서부터 가진 자와 못 가진 자 사이의 갈등이 극단
적으로 존재하는 아르헨티나의 현실을 경험했다. 그런 그녀가 조그만
라디오방송국의 연극배우로 일할 때였다. 마침 아르헨티나에는 큰 지
진이 발생했고, 피해자를 돕기 위한 기금모금 파티장에서 에바는 그녀
에게 새로운 인생을 열어 준 후안 페론Juan Domingo Perón을 만났다.

당시 페론은 노동부 장관으로서 노동자를 정치적으로 포용하는 데 적극적이어서 에바도 그에게 관심을 가졌다. 그러나 1945년 10월, 페론은 정치적 이유로 구속되었다. 이 위기의 순간, 페론을 구하고 훗날 정치적으로 대성시킨 사람이 바로 에바였다. 당시 세 군데 라디오방송에 겹치기 출연을 할 정도로 성우와 아나운서로 이름을 떨치던 에바는 방송을 통해 페론 수감의 부당함을 호소하고 노동자들과 자신에게 은혜를 입은 소외계층의 궐기를 촉구했다.

이때부터 수만의 노동자와 극빈층은 아르헨티나 대통령궁 앞 5월의 광장에 모여 '페론 석방'을 외친다. 광장에 모여드는 군중의 수는 날로 증가했고 시위는 점점 과격화 양상을 보였다. 이에 위협을 느낀 군부는 군중들에게 굴복, 페론의 석방과 사면복권을 약속했다.

1945년 10월 17일, 감옥에 수감된 지 8일 만에 30만여 명의 군중 앞에 에바와 함께 나타난 페론은 '아르헨티나를 일류 복지국가로 만들기 위해서는 과감한 개혁이 필요하다.'고 역설하며 화려하게 정계로 복귀했고, 다음 선거에서 대통령으로 당선됐으며 둘은 결혼했다. 이후 에바는 늘 꿈꾸던 신분상승의 최고 정점에 이르게 되었다.

경기부양책은 정치적 속임수?

영화 속에서 인상적인 장면 중 하나는 에바를 보기 위해 모여든 국민에게 에바가 빳빳한 지폐를 잔뜩 준비해 차창 밖으로 뿌리는 모습이다.

대통령과 영부인이 된 후인 페론과 에바.

민중들에게 지폐를 뿌리는 에바의 모습.

에바는 자신의 이름을 딴 재단을 만들어 학교, 병원, 고아원을 단기간에 전국에 건립했다. 그녀의 이름을 딴 병원기차는 의료장비를 싣고 전국을 누비면서 무료진료를 실시했다. 이런 정책 덕분에 그녀의 인기는 하늘을 찔렀다. 이 위세를 등에 업고 심지어는 초등학교에서 매주 페론 부부를 찬양하는 글짓기 숙제를 하도록 했으며, 스페인어 수업시간에는 에비타의 자서전을 교재로 채택하도록 했다. 당시 힘들었던 서민들은 후안과 에바의 선심정책에 모두가 그들의 편이 되었다. 실제로 페론 집권 후 연간 20퍼센트에 달하는 임금인상, 지나친 재정지출 확대가 연이어져 노동자들은 페론의 지지층으로 확고하게 자리매김하게 된다. 에바와 후안, 두 사람은 왜 이런 선심정책을 폈던 것일까?

"태어날 때부터 머리가 붙은 샴쌍둥이처럼 유권자와 정부를 묶고 있는 것이 있다. 바로 경제다."

정치학자 헬무트 노포스 교수의 말이다. 그는 미국, 영국 등 38개 국의 사례 분석을 통해 선거가 있는 해의 실질성장률이 1퍼센트 상승하면 집권당의 득표율은 1.5퍼센트 늘어난다는 분석을 내놓았다. 비단 이런 실증 분석이 아니라도 유권자들은 경기가 좋을수록 집권당이나 정부에 좋은 점수를 주게 마련이다.

경기가 선거와 비슷한 주기로 움직인다는 이론도 다양하게 제시되고 있다. 저명한 경제학자 윌리엄 노드하우스 교수는 '정권은 선거 직전에 경기가 정점에 도달하도록 경제를 운영한다.'는 이른바 정치적 경기순환PBC, Political Business Cycle이론을 정립했다. 정치인들이 선거에서 승리하기 위해 선거에 앞서 호황이 이뤄지도록 확장정책을 채택하고, 선거가 끝난 뒤에는 선거로 인한 물가상승을 억제하기 위해 긴축정책을 편다는 것이 이론의 뼈대다. 선거가 있는 해, 정부와 집권여당이 국민에게 허리띠를 졸라매고 고통을 분담하자고 호소하기란 힘든 게 현실이다. 그랬다간 선거에서 표를 얻기 어렵기 때문이다. 그래서 재집권이라는 정치적 목적을 달성하기 위해 유권자들의 관심이 많은 인플레이션과 실업률의 상충관계를 이용하려는 행정부의 경제적 행동으로 인해 경제에 충격이 발생하고, 이것이 경기순환을 유발한다는 것이다. 이 이론은 특히 집권층과 여당이 차기 선거에서 승리할 확률을 높이려고 재정정책을 이용할 가능성이 크다고 지적했다. 선거가 있는 해에 대형 국책사업을 벌여 경기를 부양하거나 사회복지 지출을 대거 늘려 선거를 자신들에게 유리한 방향으로 몰고 가는 식이다.

이런 정치적 경기순환론은 우리나라의 과거 대선 사례뿐만 아니라 미국, 독일, 뉴질랜드 등 많은 국가에서 실증적 근거가 발견돼 이제는 단순 가설이 아닌 실증성을 담보한 이론으로 그 위치를 어느 정도 확보하고 있다.

정치적 경기순환현상을 차단하기 위해서는 정부 경제정책의 기본 방향을 민간 주체들의 경제 심리 안정에 주력해야 할 것이다. 이를 위해서는 경제에 큰 충격을 줄 수 있는 새로운 정책 생산을 지양하고 경제정책의 일관성이 유지되도록 해야 한다. 또한 정치권도 인기에만 영합하려는 태도를 버리고 구체적인 예산과 추진 일정을 갖춘 매니페스토Manifesto 선거 풍토를 확립해야 한다. 구체적으로는 선심성 정책 개발을 금지하고 현실성이 없는 공약을 남발해서는 안 될 것이다.

재정적자,
정부 살림살이에 켜진 빨간불!

에바는 아르헨티나를 위해 그리고 가난한 자들을 위해 에바재단 창립과 대학교육 실현, 여성운동 등을 추진했다. 그러나 장기적인 발전을 위한 투자는 제치고 외채를 끌어들이면서까지 무리하게 노동자의 임금을 올려 재정적자를 자초했다. 그 결과 철도노동자의 파업이 일어나 실직자가 급증하고 정부보유금이 급락해 신뢰를 잃었다.

정부의 살림살이를 '재정'이라 한다. 재정은 조세와 정부지출로 구성되어 있다. 정부가 세금을 많이 거두면 가계가 소비·지출할 수 있는 소득이 줄기 때문에 소비가 감소한다. 한편, 기업의 생산물이나 이윤에 세금이 부과되면 생산물의 판매가격이 상승하여 판매수입이 줄어들고, 기업의 이윤 또한 줄어들기 때문에 기업의 투자가 감소한다. 즉, 세금을 올리면 총수요가 줄어들고 반대로 세금을 낮추면 총수요는 늘어난다. 정부는 총수요가 공급 능력에 비해서 높다고 생각되면 세금을 올리고, 반대의 경우에는 낮춰서 가계의 소비지출과 기업의 투자지출 같은 민간수요를 조절할 수 있다. 이렇게 경제 안정화를 위하여 정부가 조세와 정부지출을 조절하는 것을 '재정정책'이라고 한다. 에바와 페

정부보유금이 사상최저치로 떨어졌음을 알리는 신문.

론은 이 재정정책에 실패하고 만 것이다.

　　재정정책의 유형에는 두 가지가 있다. 호경기에 세금을 올리고 정부지출을 줄여서 총수요를 감소시키는 정책을 '긴축 재정정책'이라 하고, 불황기에 총수요를 증가시키기 위하여 조세는 낮추고 정부지출을 늘리는 정책을 '확대 재정정책'이라고 한다. 긴축 재정정책을 시행하면 소비와 수요가 줄어들어 물가상승 압력이 낮아진다. 사람들이 지갑을 열지 않으니 기업의 생산 활동 역시 위축되고 고용도 감소하게 된다. 확대 재정정책을 시행하면 재정수입은 줄어들고 지출은 늘어나기 때문에 재정적자가 된다. 따라서 확대 재정정책을 '적자 재정정책'이라고도 한다. 예를 들어 뉴딜정책, 행정수도 건설사업, 4대강 정비사업 등 정부는 경기침체기에 사회간접자본 사업을 늘리거나 조기에 집행하는 등 확장 재정정책을 씀으로써 고용률을 높이고 소비를 불러일으켜 경기침체에 벗어나려고 한다. 하지만 정부의 재정적자는 민간의 투자를 위축시킬 수도 있고, 적자가 누적되면 이자 부담은 물론 재정의 건전성을 해쳐서 또 다른 경제 위기를 초래할 수 있기 때문에 재정정책은 신중하게 시행해야 한다.

국가가 파산하면 어떻게 될까?

버는 것보다 더 많이 쓰기 위해서는 빚을 내는 수밖에 없다. 그 빚이 쌓이고 쌓여 감당할 수 없을 지경에 이르면 결국 파산을 맞게 된다. 국가도 마찬가지다. 세금 등을 통해 거둬들이는 재정수입보다 더 많이 지출하려면 국채발행(중앙정부가 자금조달이나 정책집행을 위해 발행하는 만기가 정해진 채무증서)을 통해 자금을 조달해야 하는데, 이렇게 진 빚이 너무 많아 갚을 수 없게 되면 디폴트default, 즉 파산에 이르게 된다.

그리스와 포르투갈, 이탈리아, 스페인 등 남유럽 국가들이 지금 딱 그런 처지다. 이들 나라는 한두 해가 아니라 10년 넘게 대외교역에서 적자를 내고 매년 막대한 재정적자를 쌓아 왔다. 오랜 세월 버는 것보다 쓰는 게 많았으니 지금까지 버틴 것만 해도 대단하다는 얘기까지 나오고 있다.

세계금융위기 이후 세계경제가 회복세를 보이고 있지만 아직 불안 요인도 커서 디폴트와 모라토리엄Moratorium은 동전의 양면처럼 빈번히 등장하는 용어가 됐다. 이 두 용어는 모두 파산과 관련된 용어다. 디폴트는 '빚을 갚을 수 없다'고 선언하는 것이다. 한마디로 부도에 직면한 상태를 말한다. 이에 비해 모라토리엄은 디폴트의 전 단계로 '지금 당장에는 갚을 능력이 없지만 나중에 차차 갚아 나가겠다'고 선언하는 것을 말한다. 해당 국가는 빚 갚을 시간을 벌기 위해 정부 차원에서 해외채권자들에게 긴급 발표를 하고 이들과 협의를 통해 갚아 나가게 된다.

디폴트나 모라토리엄을 선언하는 것은 해당 국가에 심각한 타격을 입힌다. 통화가치가 급락하고 금리는 치솟으며 실물경제도 고꾸라지는 게 보통이다. 국가신용도 역시 치명적인 상처를 입게 된다. 누가 빚을 갚지도 못할 나라에 돈을 빌려 주려 할 것인가. 남유럽 재정위기는 국가든 가계든 건전한 살림이 얼마나 중요한지를 다시 한 번 일깨워 준

IMF 구제금융 공식요청

정부 어제 발표…美·日지원금 포함 최소 200억弗 규모

대통령 오늘 특별담화…내주 조건 협상
국제발행등 지원액수 최소화 조치 병행

정부는 21일 오후 국제통화기금(IMF)에 긴급 구제금융을 요청했다. IMF 실사단이 내주초 내한, 구체적인 협의에 들어가면 얼마 안 돼 한달 안에 지원 액수·조건·협조융자국 풀이 최종 결정되고, 이에 따라 우리나라는 내년부터 IMF의 지도 아래 경제정책의 본틀 금융·산업본에서 이르기까지 대대적인 구조조정이 불가피하게 됐다.

정부는 이와 함께 구제금융 액수를 최소화하기 위해 국제발행, 중앙은행간 협조융자 외화자금의 대내유치 등의 조치를 병행할 방침이다.

임창열(林昌烈)부총리 겸 재정경제원장관은 이날 저녁 김영삼(金泳三)대통령 주재로 열린 대통령후보·총무·당료회담에서 기자회견을 갖고 이날 정부(정부)에서 '일단 유동성 조절자금 2백억달러이상을 IMF에 요청키로 했다'고 밝혔다. 김영삼대통령은 이와 관련, 22일 대국민 특별담화를 발표할 예정이다.

임부총리는 기자회견 직후 강도서 IMF에 요청한 200억달러 긴급 구제금융 공식 요청했다. 임부총리는 이어 앞서 일본의 미츠츠카 히로시(三塚博) 대장상과도 전화통화를 갖고 우리나라의 금융 및 외환위기 해결에 양국이 긴밀히 협조하기로 합의했다.

정부는 또 경제부처 관계자와 전문가로 태스크포스를 발족, 내주초 내한할 6~7명의 IMF실사단과 지원 규모 및 조건의 협상할 예정이며, 협상이 마무리되는 대로 IMF는 미국·일본 등 주요 회원국과 채권단(자금지원 신디케이트)를 구성, '자금 공급한도스탠바이 크레디트)'를 한국에 심층해 주게 된다.

우리가 지원받을 총액 한도는 IMF가 직접 지원할 55억달러를 비롯해 IMF 주관으로 미국·일본 등이 분담할 2백억달러를 포함, 박영철(朴英哲)금융연구원장은 과서 IMF부총재가 참여한 것으로 알려진 6백억달러에 이를 것으로 보인다.

재경원 관계자는 「총 지원한도가 심해져도 IMF에 대손한 지원조건이 어행상황과 무관혜 필요에 따라야 자금인출을 앞어져서 심으로 한도와 실제 지원규모는 다를 수 있다」고 심명했다.

백자호기자

관련기사 2·3·7·8·9·22면

1997년 IMF 외한위기를 전하는 신문.

다. 1998년 러시아, 2009년 중동의 두바이가 모라토리엄을 선언한 적 있으며 아르헨티나, 페루, 브라질, 멕시코 등도 과거 국가부도의 쓰라린 경험을 갖고 있다. 우리나라도 1997년 IMF 외환위기 당시 3개월간의 지불유예를 선언했다.

한 가지 주목할 점은 경제구조상 디폴트를 선언할 수 있는 국가와 그렇지 못한 국가가 있다는 것이다. 러시아나 아르헨티나의 경우 두 나라 모두 땅이 넓고 자원이 풍부해 디폴트를 선언할 수 있었다. 두 나라는 채무를 불이행해도 내수 중심으로 해결해 나갈 수 있는 구조였다. 한마디로 가진 게 있어야 디폴트 선언도 할 수 있다.

반면 한국은 지난 외환위기로 국가부도 사태에 직면해 IMF로부터 195억 달러의 긴급자금을 수혈받은 바 있다. 당시 우리나라가 IMF로부터 구제금융을 받을 수밖에 없었던 이유는 부존자원이 부족하고 대외

경제 의존도가 심해 다른 나라와 거래가 끊어지면 안 됐기 때문에 이뤄진 필연적 선택이었다고 할 수 있다.

세금과 죽음, 누구도 피할 수 없는 운명

다시 영화로 들어가 보자. 에바는 자신에게 쏟아지는 대중의 사랑을 이용하여 남편과 자신을 포장해 나갔고, 대중이 원하는 것들을 즉흥적으로 선사했다. 자신의 이름을 딴 병원기차를 만들고 무료진료도 실시했다. 이렇게 국민들에게 보편적 복지를 확대하려면 어쩔 수 없이 세금을 더 거둬야 한다. 실제로 우리는 살아가면서 무수히 많은 세금을 납부한

#자신의 이름을 딴 재단에 방문해 빈곤층과 만남을 갖는 에바.

다. "세금과 죽음의 공통점은 피할 수 없는 것"이라는 서양 속담까지 있다. 세금과 죽음은 사람이 살면서 불가피하게 직면하는 운명이라는 얘기다.

이번에는 피할 수 없는 운명, 세금에 대해 자세히 알아보자. 아울러 우리나라 조세정책의 특징은 무엇이며, 국민들이 좀 더 행복한 나라가 되기 위해서는 어떤 조세정책이 바람직한지도 살펴보자.

한 국가의 세금은 주로 직접세와 간접세로 나뉜다. 조세 중 소득세(개인이 얻은 소득에 대하여 부과하는 조세)나 법인세(주식회사와 같이 법인 형태로 사업을 하는 경우 그 사업에서 생긴 소득에 대하여 부과하는 세금)와 같이 납세자(세금을 내는 사람)와 담세자(세금을 부담하는 사람)가 동일한 조세를 '직접세'라고 한다. 직접세는 소득에 따라 다른 세율을 적용할 뿐 아니라, 납세자의 가족 상황이나 지출항목 등에 따라 조세부담의 조정이 가능하기 때문에 소득재분배 기능을 수행하기에 유리하다.

이에 비해 부가가치세(생산 및 유통과정의 각 단계에서 창출되는 부가가치에 대하여 부과하는 조세)처럼 납세자와 담세자가 다른 세금을 '간접세'라고 한다. 부가가치세의 경우, 세금을 실제로 부담하는 사람은 최종 소비자이지만 이를 납부하는 사람은 사업자들이다. 간접세는 동일 상품을 구입하는 사람에 대해 소득에 관계없이 동일 액수의 세금을 부과하기 때문에 소득이 낮은 사람일수록 조세부담이 상대적으로 높아지는 역진적인 특성을 갖는다. 예를 들어, 100만 원짜리 TV를 사고 개별 소비세 10만 원을 냈다고 할 때 소득이 100만 원인 사람은 소득의 10퍼센트를 세금으로 납부한 데 비해, 소득이 500만 원인 사람은 겨우 소득의 2퍼센트만 세금으로 납부한 것이 된다.

조세를 통해 소득의 재분배를 개선하려면 정부는 간접세보다 직접세의 비중을 높여야 한다. 하지만 실제로 우리나라 총 국세에서 간접세가 차지하는 비율은 다른 선진국에 비해 상당히 높은 편이다. 2010년 총 국세에서 간접세가 차지하는 비중은 52.1퍼센트로, OECD(경제협력개발기구) 평균인 약 20퍼센트를 두 배 이상 웃도는 것으로 알려졌다. 그만큼 우리의 조세수입 체계는 개선의 여지가 많다는 뜻이다.

그럼 왜 정부는 간접세 비중을 줄이고 직접세 비중을 늘리지 않는 걸까? 전체 조세수입을 줄일 수 없는 상황에서 직접세만 늘리는 것이 말처럼 쉬운 일이 아니기 때문이다. 우리가 물건을 살 때마다 지불하는 가격에는 부가가치세가 포함되어 있다. 그리고 기업은 우리가 지불하는 부가가치세를 모은 후 납부한다. 정부의 입장에서는 징수가 편리하고, 누락되는 세금도 크지 않기 때문에 간접세를 쉽게 포기하지 못한다.

낙수효과의 실상을 풍자적으로 묘사한 그림.

반면 직접세는 징수하기 어렵다. 자신의 소득을 숨기거나 축소하려는 사람들이 많기 때문이다. 정부는 숨겨진 소득을 찾아야 하는데 그 많은 사람들의 소득을 일일이 정확하게 포착하기는 어렵다. 또 직접세는 간접세에 비해 조세 저항이 심하다. 부가가치세가 부과되면 소비자들은 별 저항 없이 물건을 구입하고, 세금을 자동적으로 그리고 무의식적으로 납부한다. 그러나 재산세를 조금이라도 올리려고 하거나 소득세율을 인상하려고 하면 심하게 반발한다.

이명박정부는 경제 활성화를 위해 법인세, 종합부동산세 등 부유층 대상의 감세를 지속적으로 추진했다. 부유층과 대기업의 세금을 깎아 주면 그만큼 소비가 늘어 중산층과 서민, 중소기업에도 그 혜택이 돌아가 경제가 선순환할 수 있다고 판단한 것이다. 하지만 이명박정부가 추진한 대규모 감세는 고소득자, 거액자산가, 대기업에 혜택이 집중되는 '부자감세'였다. 감세정책은 대기업과 고소득층의 형편이 좋아지면 중소기업과 저소득층도 효과를 본다는 낙수효과落水效果, trickle down effect를 기대했으나 대기업과 고소득층의 배만 불리고 양극화를 심화시켜 빈부격차만 키웠다.

무엇보다 감세정책의 가장 큰 피해자는 서민층일 수밖에 없다. 소득세와 재산세의 인하는 소득세율이 높은 상위층에게 혜택이 많이 돌아간다. 서민, 특히 소득세를 거의 내지 않는 빈민들에게는 큰 효과가 없다. 게다가 소득세나 재산세 인하로 줄어든 세수를 간접세 등에서 충당하게 될 경우 서민들의 세금 부담이 오히려 증가할 수 있다. 게다가 세금감면은 국가의 재정을 악화시키고 복지예산을 줄어들게 함으로써 빈민층의 삶을 더욱 악화시킬 우려가 있다.

이처럼 우리나라 세금 체계의 가장 큰 문제점은 소득에 따라 누진 세율이 적용되는 소득세 비중은 매우 낮고, 소득 역진적인 간접세 비중은 너무 높다는 점이다. 소득에 상관없이 모든 국민이 똑같이 부담하는 간접세는 빈부격차를 확대시키는 역할을 한다. 그러므로 향후 세금의 방향은 소득 재분배 효과를 높일 수 있는 직접세를 늘리는 방향으로 가야 한다.

난쟁이의 행진이 뭐지?

빈곤층의 우상이 된 에바가 지난 1946년 페론의 대통령 당선으로 영부인이 되자 현지 유력 언론사의 한 기자가 에바를 향해 영부인과 에비타

\# 에바 재단을 설립해 빈곤층 구제에 나서면서
노동자들의 지지를 얻은 에바.

라는 두 가지 이름 중 어떤 호칭이 더 좋느냐고 물었다. 에바는 주저 없이 이 땅의 모든 서민들이 즐겨 부르는 에비타라고 써달라고 공개적으로 요구했다. 에바는 또 사람들이 나를 향해 '에비타'라고 부를 때마다 가난했던 어린 시절이 떠올라 서민들을 챙기며 보살피는 일을 게을리 할 수가 없었다고 고백하기도 했다. 이것이 아르헨티나 서민들과 노동자들 사이에서 '에비타'라는 애칭이 전설처럼 널리 불리게 된 동기다.

에바는 "거리에서 만난 청소년들이 나를 향해 에비타라고 외쳤을 때 나는 아르헨티나 거리 청소년들의 어머니가 된 것 같은 느낌을 갖게 됐고, 노동자들이 나를 에비타라고 부르면 나는 그들과 똑같은 동료의식을 느꼈다."라고 회고했다. 결론적으로 에비타의 의미는 누군가의 도움과 이웃의 사랑이 필요한 '가난한 자들의 상징'이었다는 얘기다. 따라서 아르헨티나 사람들에겐 그가 대통령 영부인으로서의 에바 페론이 아닌 가난한 소녀 '에비타'로 아직까지 기억되고 있는 것이다. 그녀는 불우했던 과거를 잊지 않고 노동자들을 위한 정책을 펼쳤다. 노동자들과 소외계층을 위한 사업을 통해 부를 재분배하려고 했다.

그렇다면 현실에서 한 사회의 전체소득은 그 사회의 구성원들에게 어떻게 분배될까? 에비타가 꿈꿨던 것처럼 현실에서도 부의 재분배는 잘 이루어지고 있을까? 물론 각 사회마다 약간씩 차이가 있기는 하겠지만, 기본적인 분배의 양상은 모든 사회에서 거의 비슷한 것을 관찰할 수 있다. 네덜란드의 경제학자인 펜J. Pen은《소득 분배》라는 책에서 현실의 소득이 얼마나 불평등하게 나타나는가를 아주 재치 있게 '난쟁이의 행진A parade of dwarfs'에 비유하여 묘사했다.

그리스신화에 나오는 거대한 산 도적 프로크루스테스Procrustes는

에비타
정치와 경제는
동전의 양면

잡은 사람을 쇠침대에 눕혀 키가 침대보다 큰 사람은 다리를 자르고 키가 침대보다 작은 사람은 몸을 잡아 늘려서 침대 길이와 똑같게 만들었다고 한다.

우리 사회도 각자의 소득에 따라 키를 늘이고 줄이려 하는데, 평균 정도의 소득을 가진 사람은 평균 신장을 갖게 하고 나머지는 소득에 비례하는 신장을 갖게 만든다. 그런 다음, 키가 작은 사람부터 시작해 순서대로 열을 지어 행진하게 한 후 옆에서 그 행진 모습을 지켜본다고 하자. 모든 사람의 행진이 다 끝나려면 60분이 소요된다고 할 때, 행렬의 선두가 지나가는 처음 몇 초 동안은 기묘한 모습을 보게 될 것이다. 행렬에 처음 등장한 사람들은 머리를 땅속에 파묻고 거꾸로 나타나는데 이들은 파산한 사업가나 빚을 진 사람들이다. 그 다음으로 성냥개비만 한 사람들, 그리고 담배 길이만 한 사람들이 약 5분 동안 열을 지어 지나갈 것이다. 다음에는 30센티미터 잣대만 한 사람들이 뒤를 따르게 되는데, 이 같은 난쟁이 행렬은 무척 오래 계속된다. 행렬의 반이 지나간 시점인 30분 후에도 역시 우리의 어깨에조차 미치지 못하는 난쟁이가 계속 지나갈 것이며, 45분이 경과한 후에야 비로소 우리와 비슷한

'난쟁이의 행진'을 잘 묘사한 그림.

크기의 사람을 보게 된다. 평균 정도의 신장을 가진 사람이 지나가는 광경을 보는 것은 행진이 시작된 지 약 48분이 지난 후인 것이다.

그 이후 사람들의 키는 갑자기 커져 얼마 안 가 전신주만 한 사람이 지나가는가 하면, 곧 이어 15층 아파트 높이의 키를 가진 사람, 그리고 63빌딩 높이의 키를 가진 사람을 보게 된다. 행진의 끝이 1초도 남지 않았을 때에는 정말로 놀라운 광경을 보게 되는데, 키가 몇 킬로미터나 되는 까닭에 머리가 구름 위로 솟아 있는 초거인들이 나타나는 것이다.

만약 소득이 아니라 재산의 분배를 가지고 이와 같은 행진을 만들게 되면 그 모습은 더욱 기묘해질 것이다. 펜이 제시한 '난쟁이의 행진'은 소득분포의 불평등도를 측정하는 두 방법, 로렌츠 곡선과 지니계수보다 훨씬 쉽게 소득불평등을 설명해 준다.

최근 우리 사회를 관통하는 화두는 1퍼센트와 99퍼센트다. 소득불평등과 빈부격차는 이미 사회문제로까지 번졌다. 대기업이나 부자, 가진 자들이 나눔과 상생, 이익 공유를 실천한다면 문제 해결에 도움이 될 수 있다. 그러나 이것만으로는 빈부격차를 해소할 수 없다. 예를 들어 모든 국민에게 일률적으로 똑같은 월급을 준다 해도 불평등은 사라지지 않는다. 일란성 쌍둥이로 태어나 한 부모 밑에서 자란다고 해서 과연 평등한 기회가 주어진 걸까?

정치권에서 난무하고 있는 '1퍼센트와 99퍼센트'라는 구호는 그런 점에서 위험하다. 할 수 있는 것과 할 수 없는 것을 구별하지 않기 때문이다. 국가가 할 수 있는 일이 있고, 국가가 할 수 없는 일이 있다. 펜의 가장행렬에서 얼굴이 구름 위로 솟은 이의 몸뚱이를 잘라 키를 맞춘다고 해서 난쟁이들의 키가 커지는 것은 아니라는 얘기다. 정부가 해야 할 일은 거인들의 키를 끌어내리는 게 아니다. 물구나무 선 이들이나 키가 1미터도 채 안 되는 이들에게 충분한 영양을 공급해 정상적인 성장이 가능하게 하는 것이다.

지니계수로 보는 우리나라의 소득분배

소득분배 문제는 현대 경제학이 가장 심각한 질문을 던지는 분야 중 하나다. 1960년대 말 복지국가 개념이 생긴 이후 소득분배 문제는 오늘날 경제문제의 핵심적인 주제로 떠올랐다. 소득분배를 정확하게 파악하고자 하는 노력은 꾸준히 진행되어 왔는데 로렌츠 곡선, 엥겔계수, 소득배율, 지니계수 등이 많이 활용되는 지표들이다. 이번에는 소득불평등 정도를 측정하는 대표적인 지표인 지니계수에 대해 살펴보자.

지니계수는 이탈리아의 사회학자인 코라도 지니Corrado Gini가 만든 통계 지표이다.

지니계수는 사회계층 간 소득분배가 얼마나 공평하게 이뤄졌는지를 나타내는 수치다. 일반적으로 지니계수는 0과 1 사이의 값을 가지며, 그 값이 클수록 소득분배가 불균등한 상태에 있음을 의미한다. 보통 지니계수가 0.4 이하라야 소득이 평등하게 분배됐다고 본다. 0.4를 넘으면 불평등이 심한 편이고, 0.5를 넘으면 사회적 불안정을 초래할 수 있는 위험한 상태를 가리킨다고 한다. 대체로 아프리카 국가들의 지니계수가 높고 서유럽 국가들은 낮다. 남아프리카 공화국은 지니계수 0.7이 넘는다.

그럼 우리나라는 어떨까? 우리나라는 지난 30여 년 동안 0.25~0.31대를 유지하고 있다. 1982년부터 1988년 올림픽까지 오늘날 중국처럼 고성장했고 그에 따라 지니계수도 0.32에서 0.26으로 낮아졌다. 1997년 IMF 외환위기를 거쳐 1998년에는 다시 0.32로 높아졌다가 완화된 후 2008년 세계금융위기에 다시 0.32로 높아졌다가 2010년에는 0.31로 다소 완화되었다. 이와 같이 지니계수는 경제의 성장과 위기에 따라 변하고 있다.

지니계수 수치가 높게 나타날수록 정부는 분배 위주의 정책을 세

각국의 지니계수

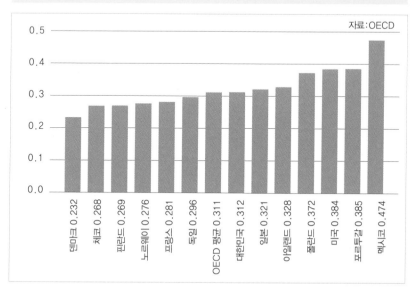

각국의 지니계수 (자료:OECD)
- 덴마크 0.232
- 체코 0.268
- 핀란드 0.269
- 노르웨이 0.276
- 프랑스 0.281
- 독일 0.296
- OECD 평균 0.311
- 대한민국 0.312
- 일본 0.321
- 아일랜드 0.328
- 폴란드 0.372
- 미국 0.384
- 포르투갈 0.385
- 멕시코 0.474

우고 지니계수 수치가 낮아지면 성장 위주의 정책을 세운다. 지니계수를 통해 국가는 다양한 계층 간의 소득을 비교하고 시간에 따른 양극화의 변화 역시 파악할 수 있다. 그래서 지니계수는 국가 재정정책에도 큰 영향을 미친다.

정치와 경제는 언제나 한 몸!

경제학에 '정치경제학political economy'이란 분야가 있는데 바로 정치와 경제의 상호관계를 연구하는 학문이다. 18세기에 등장한 정치경제학이라는 용어는 처음에는 경제학과 같은 의미로 쓰이다 오늘날에는 주로 마르크스주의 경제학을 가리키는 데 사용되고 있다.

정치와 경제의 관계는 대체로 정치가 안정적일 때 소비와 투자가 활기를 띠고 경제도 잘 돌아간다는 말로 요약할 수 있다. 반대로 정치가 불안정하면 경제도 불안정해지기 마련이다. 적지 않은 아프리카 국가들에서 보듯 정부가 사유재산권을 보호해 주지 않아 재산을 지킬 수 없고, 언제 전쟁이 날지도 모르는 상황에서 열심히 일하기란 불가능할 것이다.

더 현실적인 측면에서 정치와 경제의 상호작용 사례를 보자. 아파트가 안 팔리고 사무실이 텅텅 비는 등 부동산 경기가 나빠지면 정부가 무언가 대책을 마련하는 것이 보통이다. 그리고 정부가 경기를 살리기 위해 마련한 정책들은 서서히 부동산시장에 영향을 준다. 즉 경제가 정치에 영향을 주고, 정치는 다시 경제에 영향을 주는 과정이 벌어진다. 앞에서 살펴본 정치적 경기순환론도 정치와 경제가 밀접한 관련이 있음을 잘 보여 준다.

정치는 경제와 무관하지 않다. 누가 정권을 잡느냐에 따라 한 나라의 경제정책도 바뀐다. 페론과 에바 이후 아르헨티나의 경제정책이 완전히 뒤바뀐 것처럼 말이다. 따라서 우리는 정치인들을 선택할 때 그들의 경제관이나 경제공약도 꼼꼼히 살펴보고, 그것이 실제 우리 삶에 어떤 영향을 미칠지 장기적인 관점에서 잘 생각해 봐야 한다.

인플레이션이
발생하면
구두가 닳는다?

소설 《레 미제라블》의 주인공 장 발장은 빵 한 조각을 훔친 죄로 19년 간 감옥살이를 하게 된다. 빵을 훔친 것은 절도행위이므로 벌을 받는 건 어쩔 수 없지만 그 처벌이 너무 가혹했다는 생각이 든다. 아무리 사 소한 것이라도 자기 물건을 빼앗겼을 때 사람들은 무척 분노한다. 하 지만 뭉텅이 돈을 슬금슬금 훔쳐 가는 어떤 도둑에 대해서는 비교적 관대한 반응을 보인다. 그 도 둑이 바로 '인플레이션'이다.

인플레이션이란 전반적인 물가가 일정기간에 걸쳐 지속적으로 상승해 돈의 가치가 떨어지는 현 상을 말한다. 이렇게 되면 같은 물건을 사는 데 점점 더 많은 돈을 지불해야 한다. 예를 들어 현금 1만 원으로 5천 원짜리 비빔밥 두 그릇을 먹을 수 있다고 하자. 그런데 물가가 두 배로 올라 비빔 밥 값이 1만 원이 되었을 경우 돈의 가치는 절반으로 줄어들고 비빔밥 한 그릇은 흔적도 없이 사 라진다. 인플레이션은 이처럼 흔적도 남기지 않는 완벽한 도둑인 것이다.

인플레이션 시기에 소비자들은 '구두창 비용'을 부담하고 기업들은 '메뉴 비용'을 부담해야 한다. '구두창 비용'은 은행에 자주 갈수록 구두창이 더 빨리 닳는다는 비유적 표현이다. 인플레이션이 예상되면 명목이자율(인플레이션을 감안하지 않은 이자율)이 상승한다. 대신 지갑 속 화폐의 가치는 떨 어진다. 따라서 사람들은 전보다 현금을 조금만 보유하려고 하고, 은행에 더 자주 간다.

예를 들어 한 달에 한 번 200만 원을 인출하는 대신 매주 50만 원씩 돈을 찾는 것이다. 은행에 맡겨 두는 돈을 최대한 늘려 이자가 많이 붙게 하고, 보유현금을 줄여 화폐가치 하락의 피해를 최 소화하기 위해서다. 구두창 비용의 실질적인 의미는 현금보유를 줄이기 위해서 시간을 투자하고 불편을 감수해야 한다는 것이다.

'메뉴 비용'은 음식점에서 새로운 메뉴를 인쇄하는 데 드는 비용에서 유래된 말이다. 메뉴 비용에 는 새로운 가격과 제품 목록을 인쇄하는 비용, 인쇄된 새 메 뉴를 대리점과 소비자에게 발송하는 비용, 새로운 가격을 광 고하는 비용, 새로운 가격을 결정하는 비용, 가격조정에 대 한 소비자의 불만에 대응하는 비용 등이 포함된다. 인플레이 션이 발생하면 기업이 부담해야 하는 메뉴 비용은 증가한다.

인플레이션의 정도가 매우 심해서 화폐가치가 폭락하는 경 우를 가리켜 초超인플레이션이라고 한다. 초인플레이션은

초인플레이션을 일으킨 당백전.

112

경제 선생님,
스크린에
풍덩!!

정부가 재정적자를 메우기 위해 화폐를 마구 발행해 생기는 경우가 많다.

우리나라에서는 조선 후기 당백전當百錢이란 화폐가 초인플레이션을 일으켰다. 흥선대원군이 경복궁 중건과 국방비 조달을 위해 발행한 당백전은 상평통보보다 6배 정도 금속 함량이 많았지만 명목가치는 20배나 됐다. 대원군은 당백전 발행차액을 재정자금으로 활용하려 했지만, 그 결과는 쌀 가격이 1~2년 사이에 6배로 폭등하는 큰 혼란으로 나타났다.

가진 돈이 없을 때 "땡전 한 푼 없다."고들 말하는데, '땡전'은 당백전에서 비롯된 말이다. 지금도 그렇지만 옛날에도 물가가 오르면 서민들의 삶은 어려워졌다. 어려운 삶의 이유가 당백전 때문이라고 생각한 국민들은 가운데 '백'자를 뺀 '당전'을 거세게 발음해 '땅전'이라 불렀고, 이것이 나중에 '땡전'으로 불리게 됐다. 땡전은 잘못된 통화정책으로 국민들에게 피해를 주면 안 된다는 교훈을 던지는 말이다.

에비타
정치와 경제는
동전의 양면

무지개 저편에 있는 어두운 현실

과자 값이 자꾸 떨어지면 경제 적신호?

지폐를 금으로 바꿔 주던 시대

세상에 귀금속이 금뿐이더냐!

왜 노르스름한 벽돌 길일까?

마법의 은구두, 은본위제도

금 시대의 종말과 달러 시대의 시작

화폐제도의 변신과 미래

다섯 번째 영화
오즈의 마법사

노란 벽돌길 속
화폐의 비밀

오즈의 마법사

빅터 플레밍 감독

112분

1939년작

무지개 저편에 있는
어두운 현실

"Somewhere over the rainbow, way up high, There's a land that I heard of once in a lullaby."

누구나 한번쯤 들어 봤을 법한 익숙한 멜로디와 가사. 바로 '섬웨어 오버 더 레인보우Somewhere over the rainbow'란 곡이다. 무지개 저편의 어딘가를 찾는다는 이 유명한 노래는 영화 〈오즈의 마법사〉에서 처음 등장한 곡이다. 캔자스에 사는 평범한 소녀 도로시는 '무지개 저편 너머에' 있다는 환상적인 세계를 꿈꾸면서 이 노래를 부른다. 그리고 얼마 후 그녀는 정말 환상의 나라 '오즈oz'로 날아가게 된다.

'오즈의 마법사'는 영화로도 유명하지만 그보다 더 전인 1896년에 미국의 작가 프랭크 바움Lyman Frank Baum이 쓴 소설로도 널리 알려진 작품이다. 이 유명한 이야기는 뮤지컬로도, 만화로도 여러 번 리메이크

되었다. 리메이크 횟수만 140번에 이른다 하니 '오즈의 마법사'가 얼마나 많은 사람에게 사랑받는 이야기인지 짐작할 수 있을 것이다. 이 수많은 리메이크작 중 '주디 갈란드'라는 17세 소녀가 주연을 해서 유명해진 뮤지컬 영화 〈오즈의 마법사〉는 미국 영화연구소가 선정한 100대 영화 중 6위에 오를 정도로 호평을 받고 있는 작품이다.

〈오즈의 마법사〉는 한 소녀가 오즈라는 미지의 세계에서 겪는 모험을 다루고 있다. 미국 캔자스의 작은 농촌에서 삼촌, 숙모와 함께 살던 평범한 고아 도로시는 갑자기 어마어마한 모험에 휘말리게 된다. 강력한 토네이도에 집이 통째로 휩쓸려 미지의 세계로 떨어진 것이다. 도로시는 고향으로 돌아가는 방법을 찾기 위해 위대한 능력을 지니고 있다는 오즈의 마법사를 만나야 했다.

하지만 마법사를 찾아가는 길은 결코 순탄치 않았다. 서쪽의 사악한 마녀는 도로시가 신은 은으로 만든 신발(영화에서는 빨간색 루비 신발로 등장한다)을 뺏기 위해 그녀의 모험을 끊임없이 방해한다. 끈질긴 훼방과 힘든 여정에도 불구하고 도로시는 희망을 잃지 않고 오즈의 마법사를 만나기 위해 마법사가 산다는 에메랄드성으로 향한다. 에메랄드성으로 가는 길은 단 하나. 노란 벽돌길을 따라가는 것이다.

기상천외한 캐릭터와 모험의 세계를 그리고 있지만 〈오즈의 마법사〉를 단순한 동화로 보지 않는 새로운 시각도 있다. 이 동화를 좋아하는 사람들에게는 깜짝 놀랄 소식이겠지만 경제학에 관심 있는 이들에게는 꽤나 유명한 이야기다.

우리는 이제 〈오즈의 마법사〉를 단순한 동화가 아닌 미국 경제의 현실을 신랄하게 풍자한 이야기로 읽어 볼 것이다. 무지개 저편에 있는

환상의 세계를 꿈꾸며 노래 부르는 도로시.

도로시의 눈 앞에 펼쳐진 환상의 나라 '오즈'.

세계, 오즈는 고단한 현실을 잊게 할 환상의 장소가 아니라 사실 미국의 어두운 상황을 비유하기 위해 만들어진 가공의 세계다.

그렇다면 당시 미국 경제는 어째서 어두운 상황에 처해 있었으며 〈오즈의 마법사〉는 어떤 방법으로 이 막막한 현실을 풍자한 것일까?

과자 값이 자꾸 떨어지면 경제 적신호?

프랭크 바움이 《오즈의 마법사》를 쓴 19세기 후반 미국의 경제는 물가 하락의 늪에 빠져 있었다. 여기에서 물가物價라는 것은 단순히 한 가지 물건의 값만을 의미하는 것이 아니다. 물가는 시장에 있는 물건의 가격을 평균하여 종합한 것을 말한다. 그러니까 물가가 하락한다는 것은 많은 물건들의 시장가치가 떨어진다는 뜻이다.

당시 미국에서는 거의 16년 동안 물가가 약 22퍼센트나 떨어지고 있었다. 물가가 하락해 물건들의 시장가치가 떨어지면 그만큼 기업에 돌아가는 판매수입이 줄어든다. 기업의 판매수입은 물건의 시장가격에 판매 수량을 곱한 만큼이기 때문이다. 기업의 수입이 줄어드니 사람을 많이 고용해서 물건을 생산할 여력이 없고, 기업의 생산도 위축된다. 즉 어떤 나라의 물가가 지속적으로 하락한다는 것은 그 나라의 경기가 침체되고 있음을 의미하는 것이다. 이렇게 물가가 지속적으로 하락하면서 경기가 침체되는 현상을 경제학에서는 디플레이션deflation이라고 부른다.

디플레이션이란 원래 '공기를 뽑는다' 혹은 '팽창물을 수축시킨다' 라는 동사에서 나온 말이다. 즉, 풍선에서 바람이 빠져 그 부피가 줄어들 듯 물건의 가격이 떨어지고 경제가 위축되는 현상을 말한다. 디플레이션은 물가가 지속적으로 상승하는 현상을 일컫는 인플레이션과 반대되는 상황이라고 할 수 있다.

우리는 사실 물가하락보다는 물가상승의 부담을 더 많이 느껴 왔기 때문에 디플레이션의 공포를 잘 이해할 수 없다. 마트에서 장을 보고 오신 어머니가 "물가가 자꾸 올라서 문제야!"라고 하시지, "물가가 자꾸 떨어져서 골치야!"라며 탄식하는 경우는 거의 없다. 우리 역시 학용품이나 참고서를 사면서 그 값이 자꾸 올라가는 걸 걱정하지, 내려가는 걸 걱정하지는 않는다.

물건들의 가치가 떨어진다는 것은 바꾸어 말하면, 그 물건들과 교환할 수 있는 화폐의 가치는 올라간다는 것을 말한다(반대로 인플레이션이란 물가는 상승하고, 화폐의 가치는 그만큼 떨어지는 것을 말한다). 어떤 사회에서 화폐의 가치가 올라가고 물건의 값어치가 떨어진다면 우리 같은 소비자들에게는 일시적으로는 기쁜 소식이다. 우리의 부모님들이 원하시는 대로 쌀이나 반찬거리, 학용품이나 옷을 전보다 저렴하게 살 수 있기 때문이다. 전에는 한 개에 1,000원을 줘야 살 수 있었던 과자를 800원만 주고도 살 수 있다면 누구나 좋아할 것이다. 그러나 많은 경제학자들은 디플레이션(물가하락)이 인플레이션(물가상승)보다 위험할 수 있다고 경고한다. 대체 왜 그럴까?

디플레이션이 일어나면 화폐의 가치가 올라가게 되고 화폐가 가진 힘, 즉 화폐의 구매력은 커진다. 구매력이 커진다는 것은 같은 돈을 주고서 이전보다 더 많은 물건을 살 수 있다는 뜻이다. 하지만 이것을 바꾸어 생각해 보면, 물건에 비해서 화폐가 그만큼 귀해진다는 의미이다. 이전에 1,000원 하던 과자를 800원만 주고 살 수 있다면 과자의 가치에 비해서 화폐의 가치가 그만큼 올라갔다는 뜻이 된다. 쉽게 말하면 돈이 귀해졌다는 것이다. 돈의 가치가 올라가 귀해진다면 평범한 사람들은 이전에 비해 돈을 쓸 때 어떤 행동을 하게 될까? 부자들이라면 이야기가 달라지겠지만 평범한 서민이라면 물건을 살 때 주저하게 된다.

예를 들어 A라는 사람이 물가가 계속 떨어지는 상황에서 1억을 주고 집을 살까 말까 고민하고 있다고 생각해 보자. 하지만 물가가 계속 떨어지고 있는 상황에서 집을 산다면, 이 집의 가치는 언제 9,000만 원이 될지 8,000만 원이 될지 알 수 없다. 결국 A는 손해 보는 장사를 하는 셈이므로 굳이 집을 사려고 하지 않는다. 결국 대부분이 A와 같은 선택을 하게 될 테고 집에 대한 수요는 줄어들게 된다.

집뿐만 아니라 디플레이션 상황에서 대부분의 물건은 그 수요가 줄어들게 된다. 가격이 앞으로도 떨어질 게 뻔한데 물건을 굳이 급히 사 놓을 필요가 뭐가 있겠는가. 또한 돈이 귀하기 때문에 쓰기도 쉽지 않다. 수요가 줄어들면 생산의 주체인 기업들 역시 과감한 투자나 생산 확대를 해서 굳이 물건을 만들어 내려 하지 않는다. 물건이 팔리지 않을 게 뻔하니 많이 투자하고 생산해 봐야 손해만 입기 때문이다. 기업이 생산을 줄이면 이 과정에서 많은 사람들은 실업자가 된다. 실업자가 된 사람들은 또 다시 소비를 줄인다. 이러한 과정을 통해 디플레이션 아래에서는 소비와 투자가 전체적으로 줄어든다. 즉 물가하락은 경기

경제 선생님,
스크린에
풍덩!

침체를 불러오는 것이다.

게다가 디플레이션이 나타나게 되면 '부의 불공정한 재분배'가 나타나게 된다. 누군가가 사회에 있는 부를 강제로 조정하여 분배하지 않아도 디플레이션에 의해서 한 사람에게서 다른 사람에게로 부가 자연스럽게 이동한다는 것이다. 즉 디플레이션 아래에서는 좀 더 이득을 보는 사람도 생기지만 손해를 보는 사람도 생긴다.

그렇다면 디플레이션이 나타나면 상대적으로 돈을 가지고 있는 사람과 돈을 가지지 못한 사람 중 누구에게 더 이득일까? 돈의 가치가 올라가기 때문에 당연히 돈이 많은 사람들이 더 이득이다. 같은 돈으로 이전보다 더 많은 물건을 살 수 있는 힘이 생겼기 때문이다.

디플레이션은 돈을 빌려 준 사람(채권자)과 돈을 갚아야 하는 사람(채무자) 사이의 이익과 손해를 가르기도 한다. 예를 들어 A가 B에게 1,000만 원을 빌려 주었는데, 빌려 줄 당시에는 이 1,000만 원으로 자동차 한 대를 살 수 있었다 치자. 얼마 후 B가 A에게 빚을 갚을 때가 되자 화폐의 가치가 올라가고 물가는 떨어졌다. 어떤 상황이 벌어질까?

결과적으로 A에게는 유리하고 B에게는 불리한 상황이 펼쳐진다. 물론 돈 1,000만원은 겉으로 보기에는 달라진 것이 없다. 하지만 이제 돈 1,000만 원은 차를 두 대 살 수 있는 가치를 지니게 되었다. 즉 1,000만 원이라는 화폐의 실질적 가치가 이전보다 올라갔기 때문에 A는 돈을 빌려 줄 때보다 실질적으로 많은 돈을 받는 셈이 되고, B는 전보다 실질적으로 많은 돈을 갚는 셈이 된다.

이와 같이 디플레이션 아래에서는 돈이 없고 빚이 많은 사람들에게는 불리한 상황이 진행된다. 특히 당시 미국의 농민이나 공장 노동자

같은 서민들이 어려운 처지에 놓이게 되었다. 농부들은 재배해 놓은 농산물의 가치가 떨어져 극심한 손해를 봤고, 노동자들은 생산이 줄어드는 만큼 급여가 줄어 손해를 보았다. 게다가 그들은 주로 부자들 또는 은행에서 돈을 빌리는 입장이었기 때문에 빌린 돈을 갚는 데 실질적으로 부담이 커지게 되었다. 이에 반해 많은 돈을 가지고 있었던 자본가들에게는 디플레이션이 오히려 큰 이득을 가져다주었다. 그들은 주로 빌려 준 돈을 받는 입장이었기 때문이다.

소설 《오즈의 마법사》가 발표되었던 시기의 미국은 바로 이러한 상황에 놓여 있었다. 그런데 대체 디플레이션의 늪은 어떻게 시작된 것일까?

지폐를 금으로 바꿔 주던 시대

19세기 미국에서 화폐의 가치가 상승했던 이유는 간단했다. 미국 경제에 유통되고 있는 돈이 부족하다는 것이었다. 무엇이든 사람들 사이에 유통되고 있는 양이 부족하면 귀해지게 마련이다. 한 국가에 유통되어 돌고 있는 화폐의 양을 우리는 통화량通貨量이라고 부른다고 했다. 이 통화량이 부족하니 돈은 귀해질 수밖에 없었고, 그만큼 가치가 올라가게 된 것이다.

그렇다면 정부에서 화폐를 더 찍어 내서 시중에 유통하면 될 텐데 뭐가 문제였냐고 의문을 제기하는 사람도 있을 수 있겠다. 당시 통화량이 부족했던 원인을 설명하는 데에는 미국의 화폐제도였던 금본위제도 gold standard system를 짚고 넘어가야 한다.

금본위제도란 무엇일까? '본위제도'라는 것은 화폐의 가치를 매길 때 무언가를 그 기준으로 삼는 것을 말한다. 이렇게 본다면 금본위제도란 화폐의 가치를 매기는 기준을 금으로 하는 것이다. 즉, 어떤 국가나 기관에서 가지고 있는 금의 양만큼만 화폐를 찍어 낸다는 것이다.

대부분의 국가에서 화폐를 발행하는 일은 중앙은행에서 한다. 중앙은행이란 한 나라의 화폐제도의 중심이 되는 은행을 말한다. 중앙은행에서 화폐를 발행하는 이유는 간단하다. 아무 기관(은행이나 공공기관, 기업 등)에서나 화폐를 발행해서 유통시킬 수 있다고 생각해 보자. 너도 나도 인쇄기로 돈을 찍어 내고, 장난감 돈도 일반 거래에 마구 사용하는 황당한 일이 벌어질지 모른다. 이런 상황이라면 화폐를 통한 거래가 성립될 수 없고, 대부분의 화폐는 쓸모없는 것이 되어 버리면서 경제적 혼란이 올 것이다.

우리나라에도 중앙은행인 한국은행이 존재하고, 미국도 과거부터 현재까지 중앙에 있는 연방준비은행(미국의 통화금융정책을 결정하는 중앙은행. 미국 내에 통용되는 지폐 발권은행이다)에서 화폐를 발행해 왔다. 19세기 후반 미국의 연방준비은행에서는 미국에서 통용될 화폐를 찍어 낼 때 그 기준을 '금'으로 했다. 왜 하필 금이었을까?

금이 오랫동안 화폐처럼 사용되어 왔다는 것은 익히 들어 잘 알고 있을 것이다. 세계 역사를 보더라도 거의 모든 사회에서 금은 귀한 가치를 지닌 귀중품으로 여겨져 왔다. 오래 두어도 변질되지 않고 저장하기 적절했기 때문이다.

　하지만 이토록 가치 있는 금도 단점이 있었으니, 그것은 사용하기에 다소 무겁다는 것이었다. 그래서 정부에서 찍어 낸 지폐가 금 대신 쓰이게 된 것이다. 하지만 이 지폐를 중앙정부 마음대로 마구잡이로 찍는다면 문제가 생길 수 있었다. 화폐를 함부로 많이 찍어 내다 보면 통화량이 엄청나게 늘어난다. 통화량이 늘어나면 돈은 '귀한 것'이 아니라 '흔한 것'이 되어 버려 가치가 떨어지고 만다. 그래서 '금'으로 교환할 수 있는 만큼만 지폐를 찍도록 했다.

　1920년대 당시 미국의 지폐는 중앙은행에 가져가서 금으로 교환할 수 있었다. 아래 그림이 바로 1971년 이전까지 미국에서 지폐 통화로 사용하던 일종의 금 확인서다. 'GOLD COIN'이라고 찍혀 있는 이름대로 이 지폐는 금으로 교환이 가능했다. 예를 들어 20달러를 금 1온스(흔히 금과 같은 귀금속의 질량을 잴 때는 단위로 '온스Ounce'를 쓴다)와 같은 가치로 규정해 놓을 경우, 40달러짜리 지폐를 내면 금 2온스로 교환해 주는 방식이었다.

미국 지폐로 사용되던 금 확인서.

이처럼 금으로 교환이 가능했기 때문에, 사람들은 중앙정부가 발행하는 지폐를 한낱 종잇조각처럼 여기지 않고 믿음을 가지고 사용할 수 있었다. 이렇게 지폐를 금 등의 귀금속으로 바꾸어 주는 제도를 보통 '태환제도'라고 부른다(만약에 지폐를 은과 교환해 주면 은태환이라 부르고, 금과 교환해 주면 금태환이라 부른다). 과거 미국 중앙은행에서는 일정량의 금을 직접 갖고 있고, 이것과 교환할 수 있을 만큼의 돈만 찍어 냈다. 돈을 마구잡이로 찍어 내면 통화량이 늘어나 인플레이션이 나타날 수 있기 때문이다.

세상에 귀금속이 금뿐이더냐!

지금까지의 설명을 들어 보면 금본위제도는 큰 문제가 없는 화폐제도처럼 보인다. 하지만 금본위제도 역시 치명적인 단점을 가지고 있었다. 사람들이 필요로 하는 돈의 양에 비해 금은 모자랐다. 미국 경제가 성장하면서 사람들이 필요로 하는 달러화의 양은 증가하고 있었지만, 금광의 수나 금 채굴량은 이를 따라가지 못하는 상황이 발생한 것이다. 따라서 금에 대한 수요와 공급의 균형이 맞지 않게 되었다.

금이 부족하니 정부는 필요한 만큼의 지폐를 발행하지 못하게 됐고, 지폐를 찍지 못하자 그만큼 돈의 가치가 올라가는 결과가 나타났다. 화폐의 가치가 올라가는 만큼 물건들의 가치는 떨어지게 되는 상황, 앞서 말한 디플레이션이 미국 경제를 강타한 것이다.

이 디플레이션의 해결책은 없었을까? 물론 있었다. 세상에 귀금속이 금만 있는 것은 아니었기 때문이다. 금만큼의 가치는 아니지만 이를테면 은도 있었다. 그러니까 금과 은을 화폐발행의 기준으로 함께 사용한다면 통화량 부족을 걱정할 필요가 없었다. 은은 금에 비해서 그 채굴량이 훨씬 많았기 때문이다.

당시 미국에서도 이런 주장을 하는 사람들이 있었다. 그중 하나가 윌리엄 제닝스 브라이언William Jennings Bryan이라는 민주당의 대통령 후보였다. 브라이언은 은을 금본위제와 함께 사용하자고 주장했다. 오랫동안 이어진 디플레이션으로 지친 농민들과 노동자들에게 그의 주장은 솔깃한 것이었지만, 안타깝게도 브라이언은 대통령 선거에서 떨어지고 말았다. 대신 금본위제도를 유지하자고 주장했던 매킨리William Mckinley가 1896년 미국의 제25대 대통령으로 당선되었다. 매킨리를 지지하여 대통령으로 당선시킨 사람들은 주로 부유층이었다. 부유층이나 자본가

\# 금·은본위제도를 주장한 브라이언.

\# 금본위제도 유지를 주장한 매킨리.

들은 사람들에게 돈을 빌려 주는 입장이었기 때문에 그들은 금본위제도가 유지되어 화폐의 가치가 높아지는 것이 자신들에게 유리했다.

결과적으로 금본위제도는 통화량 부족과 디플레이션으로 이어지는 심각한 문제점을 안고 있었지만 매킨리가 대통령으로 당선되면서 계속 유지되었다. 만약 브라이언이 대통령으로 당선되어 은도 화폐의 기준으로 사용되었다면 시중에 통용되는 화폐의 양이 증가해 물가도 올라갔을 것이고, 노동자나 농부들이 졌던 빚의 가치도 상대적으로 떨어지게 되었을 것이다. 하지만 그와 같은 금·은본위제도는 실현되지 않았다.

지금까지 살펴본 미국 화폐제도의 문제점, 그리고 이와 관련된 논쟁은 놀랍게도 〈오즈의 마법사〉 속 도로시의 모험 이야기에 녹아 있다. 원작자인 바움이 정말로 이러한 현실을 풍자해서 이 동화를 만든 것인지에 대해서는 논란이 많다. 하지만 이야기를 당시의 경제 상황과 관련해 풀어내면 놀랍게도 맞아떨어진다.

왜
노란 벽돌길일까?

앞서 살펴보았지만 〈오즈의 마법사〉에서 주인공 도로시는 미국 농촌 캔자스에 살던 평범한 소녀였다. 그녀는 잠에 들었다가 집이 통째로 회오리바람에 휩쓸려 환상의 세계인 오즈에 도착한다. 오즈는 영어로

‘OZ’로 표시하는데, 아무 의미 없는 이름 같지만 실은 부피를 재는 단위인 ‘온스’의 줄임말이기도 하다. 금을 잴 때 쓰는 단위가 온스이고, 이 단위를 기준으로 지폐와 교환할 수 있음은 앞서 이야기했다.

　도로시의 집은 회오리바람에 밀려 떨어지면서 마침 그 자리에 있던 사악한 동쪽 마녀를 깔아뭉개게 된다. 의도치 않게 등장부터 마녀를 물리쳐 오즈의 영웅이 된 것이다. 캔자스로 다시 돌아가고 싶었던 도로시는 착한 마녀가 일러 준 대로 오즈의 마법사를 찾아 떠난다. 그녀의 소원을 들어줄 사람이 오즈의 마법사라고 들었기 때문이다. 도로시는 동쪽 마녀가 신고 있던 은구두를 신고 길을 나선다. 캔자스에서 함께 날아온 애완견 토토도 그녀의 여정에 함께한다.

　이 이야기 속 도로시는 정직하며 씩씩한 소녀로 등장한다. 〈오즈의 마법사〉를 경제 이야기에 빗대 해석하는 사람들은 이 소녀를 정직하고 우직하며 전통적 가치를 지켜 가는 평범한 미국의 서민들로 해석한다.

경제 선생님,
스크린에
풍덩!

노란 벽돌길을 따라 여행을 떠나는 도로시.

디플레이션 당시 어려운 처지에 있었던 서민들처럼 도로시는 고향으로 돌아가기 위해 험난한 여정을 치른다.

도로시를 방해하는 인물은 사악한 서쪽 마녀다. 서쪽 마녀는 도로시의 은구두를 빼앗아 없애려고 하지만, 이 은신발이 가진 힘이 워낙 강력해 그 힘에 눌려 잠시 도망을 간다. 도로시가 서쪽 마녀를 피해 오즈의 마법사를 만나기 위해서는 그가 살고 있는 에메랄드성으로 가야 한다. 그 방법 중 하나는 노란 벽돌길을 따라가는 것이다. 벽돌길의 노란색은 황금 색깔과도 일맥상통한다. 즉 노란 벽돌길을 당시 상황에 비추어 본다면 금본위제를 상징하는 것이다.

도로시는 노란 벽돌길을 따라 오즈의 마법사를 만나러 가는 길에 세 친구들을 만난다. 이 친구들은 도로시와 모험을 같이 하는 중요한 인물들이다. 그중 첫 번째로 만난 친구는 허수아비다. 그는 만들어진 지 하루 만에 장대 끝에 매달려 있다가 도로시의 도움으로 땅에 내려온다. 허수아비가 말했다.

"사실 난 아는 게 아무것도 없어. 보다시피 나는 밀짚으로 만들어져 있어서 머릿속에 든 게 아무것도 없거든."

허수아비는 자신의 약점을 생각할 수 있는 '뇌', 즉 지혜가 없는 것으로 여기고 있었다. 그래서 오즈의 마법사에게 뇌를 만들어 달라고 부탁하기 위해 도로시와 함께 여행을 떠난다.

두 번째 친구는 양철나무꾼이다. 양철나무꾼은 악한 동쪽 마녀의 저주로 몸 전체가 양철로 변한 처지였다. 그는 오즈의 마법사에게 사랑을 할 수 있는 '심장'을 만들어 달라고 부탁하기 위해 도로시 일행을 따라 나선다.

세 번째 친구는 사자다. 사자는 도로시의 애완견인 토토에게 겁을 주려다 도로시와 만나게 된다. 사자는 겁이 많았기 때문에 오즈의 마법사에게 '용기'를 달라고 부탁하러 도로시와 함께 에메랄드성으로 향하게 된다.

도로시가 만난 허수아비, 양철나무꾼, 사자 모두 착한 존재들이다. 하지만 치명적인 약점을 하나씩 가지고 있다. 〈오즈의 마법사〉를 경제 우화로 해석하는 사람들에 따르면, 이 세 친구도 각각 현실에 있는 사람을 빗댄 존재들이다. 허수아비는 주로 밭에 서 있는 존재, 즉 농부를 상징한다. 당시 미국의 농부들은 디플레이션 아래에서 고통을 겪는 존재들이었다. 농부들은 주로 평원이 많은 미국 서부에 살고 있었는데, 대부분 동부에 있는 은행에 빚을 지고 있었다. 디플레이션으로 물가가 하락하고 화폐가치가 올라가자 그들은 위험한 처지에 있었다. 농부들이 생산하는 농산물의 값은 떨어지는 데다, 은행에 지고 있는 빚의 실질적 가치는 늘어났기 때문이다.

양철나무꾼은 공장에서 일하는 노동자들을 상징한다. 노동자들 역시 농부들과 마찬가지로 디플레이션 아래에서 빚 때문에 허덕이던 존재들이었다. 게다가 동부의 자본가들은 기계기술이 발달하자 일반 노동자들이 하던 일을 기계로 대체해 버렸다. 많은 노동자들이 빚만 잔뜩 진 채 실업자가 되었다. 노동자들에게 가장 중요한 것이 기술인데, 이 기술의 가치가 점차 사라지고 있던 것이다. 인간의 몸에서 가장 핵심적인 기관은 심장이다. 양철나무꾼이 잃어버린 심장은 곧 기술자들이 잃어버린 기술의 가치를 의미한다.

용기가 없는 사자는 〈오즈의 마법사〉에서 많은 사랑을 받는 등장

도로시와 함께 길을 나선 세 친구, 양철나무꾼, 허수아비, 사자.

인물 중 하나다. 재미있게도 사자는 금·은본위제를 주장했던 대통령 후보 브라이언을 비유한 것이라고 한다. 브라이언은 훌륭한 연설과 설득력 있는 정책을 주장했지만 이를 끝까지 밀고 나갈 기회를 얻지 못했다. 영화 속 사자와 공통점을 찾을 수 있는 부분이다.

도로시는 친구들과 함께 험난한 과정을 거쳐 결국 에메랄드성에 도착한다. 오즈의 마법사를 만나는 건 쉽지 않았지만 도로시의 은구두에 대해 전해 들은 오즈의 마법사는 그녀와 친구들을 각각 하루에 한 명씩 만나 주기로 한다. 결국 마법사는 도로시, 허수아비, 양철나무꾼, 사자에게 각각 다른 모습으로 나타나 그들이 서쪽 나라의 나쁜 마녀를 죽이고 돌아오면 소원을 들어주겠다는 약속을 한다. 마법사가 살고 있는 에메랄드성은 온통 초록빛으로 빛났다. 이는 당시 미국의 화폐였던 그린 백green back을 의미하는 것으로 해석된다(그린백은 말 그대로 지폐의 뒷면이 초록색이었기 때문에 붙여진 이름이었다).

한편 에메랄드성에 살고 있는 마법사는 실제로 위대한 능력을 가지고 있는 사람이 아닌데, 과학장치로 각종 속임수를 쓰면서 위대한 것처럼 사람들을 속인다. 별다른 힘은 없지만 환상적인 힘으로 사람들을 속이는 이 오즈의 마법사는 당시 정치인이었던 마크 한나Mark hanna라는 인물로 해석된다. 마크 한나는 금본위제도를 주장하던 매킨리의 보좌관이었다. 그녀는 대통령처럼 앞에 나서서 정치를 하지는 않았지만, 매킨리 대통령을 뒤에서 조종한 대표적인 정치인으로 평가받는 인물이다.

다르게 해석한다면, '오즈의 마법사'는 실제로 제대로 된 정책을 펼칠 능력은 없지만 겉만 번지르르한 정치인들을 상징하는 것으로도 볼 수 있다. 이러한 마법사에게 도로시는 "정말로 강하고 위대하다면 약속을 지켜야죠!"라고 일침을 놓기도 한다. 약속한 정책을 실천하지 않는 당시 정치인들에게 건네는 말 같기도 하다.

마법의 은구두,
은본위제도

결국 노란 벽돌길을 따라 험난한 여정을 거쳐 오즈의 마법사를 찾아온 도로시였지만, 실제로는 새로운 여정이 남아 있을 뿐 별달리 얻은 것이 없었다. 노란 벽돌길이 금본위제를 의미한다고 본다면, 도로시가 에메랄드성에서 만난 허무한 결과가 의미하는 것은 분명하다. 평범한 사람들이 온갖 고생을 하면서 금본위제를 따라왔지만 결국 그들에게 돌아오는 돈은 하나도 없다는 현실을 풍자한 것이다.

도로시는 또다시 서쪽 마녀를 찾아 여행을 떠난다. 사악한 서쪽 마녀는 이상하게도 도로시가 신고 있는 은구두를 호시탐탐 노린다. 서쪽 마녀 부하들의 방해 때문에 도로시는 친구들과 헤어지게 되고 서쪽 마녀에게 사로잡히게 된다. 하지만 반항하던 도로시가 물을 끼얹자 서쪽 마녀는 허무하게도 그 자리에서 녹아내리고 만다.

사악한 서쪽 마녀가 현실의 누구를 의미하는지에 대해서는 의견이 분분하다. 하지만 브라이언을 이기고 대통령에 당선된 매킨리를 비유하는 인물이라는 의견이 대표적이다. 실제로 그가 서쪽 마녀처럼 성격이 나쁜 사람이었는지는 알 수 없지만 금본위제를 찬성하고 은본위제를 반대한 대표적인 사람이었기 때문에 〈오즈의 마법사〉에서는 악역을 맡게 된 것이다.

도로시는 서쪽 마녀를 이긴 후 그녀의 빗자루를 가지고 오즈의 마법사에게 돌아온다. 하지만 고향에 돌아가고픈 도로시의 소원은 쉽게 들어줄 수 없었다. 고민하던 마법사는 해결책으로 커다란 기구를 만든다. 도로시가 이것을 타고 고향으로 갈 수 있게끔 해 주려는 것이었다. 하지만 기구를 타고 날아오르기 직전, 밖으로 도망친 애완견 토토 때문에 고향에 돌아가지 못하고 낙담하고 만다. 꿋꿋하던 도로시에게 절망의 순간이 온 것이다. 하지만 무슨 일이든 해결책은 있는 법. 도로시에게 착한 북쪽 마녀가 나타나 집에 돌아갈 수 있는 방법을 다음과 같이 알려 준다.

"그 은구두는 놀라운 힘을 지니고 있단다. 은구두의 가장 신비로운 힘은 단 세 걸음 만에 이 세상 어느 곳이든 너를 데려다 줄 수 있다는

도로시를 위협하는 서쪽 마녀.

경제 선생님,
스크린에
풍덩!

해결의 열쇠인 도로시가 신은 은구두.

거지. 한 걸음을 내딛는 데에는 눈 깜짝할 시간밖에 안 걸린단다. 너는 그저 은구두의 뒤꿈치를 세 번 맞부딪치면서 네가 가고 싶은 곳으로 데려다 달라고 명령만 하면 돼.”

착한 마녀가 일러 준 대로 도로시가 은구두를 세 번 두드리자, 그녀는 잠에서 깨어나듯 오즈의 세계에서 현실 세계로 돌아온다.

도로시가 그토록 원하던 고향으로 되돌아온 방법은 의외로 간단했다. 결국 모든 비밀은 은구두 속에 있었던 것이다. 그렇다면 이 마법의 은구두가 의미하는 것은 무엇일까?

노란 벽돌길이 의미하는 것이 금본위제도였듯이, 은구두는 은본위제도를 의미한다. 은본위제도가 모든 문제의 해결책이었는데도 도로시는 그토록 험난한 여정을 거치면서 고생을 했던 것이다.

만약 많은 사람들이 추측하듯이 〈오즈의 마법사〉가 금본위제도로 인해 벌어진 어려운 경제 상황을 비유해 만든 이야기라면, 작가인 바움이 이 상황의 해결책으로 제시하고 있는 것은 ‘은본위제도’이다. 마법의 은구두, 즉 은본위제도는 평범한 사람들의 고난을 해결할 수 있는 힘을 가진 수단이었던 것이다.

금 시대의 종말과 달러 시대의 시작

금본위제도는 계속 유지되어 많은 문제를 낳았지만 이 문제는 생각보다 자연스럽게 해결되었다. 세계 곳곳에서 금광이 발견되면서 금을 많이 캐낼 수 있게 된 것이다!

19세기 후반에 이르자 알래스카와 캐나다, 남아프리카 등에서 수많은 금광이 새롭게 발견되어 미국에 대량의 금이 들어오기 시작했다. 금의 공급이 늘어난 만큼 중앙은행은 화폐를 많이 찍어낼 수 있게 되었고, 유통되는 화폐의 양도 늘어나기 시작했다. 그러자 화폐의 가치가 조금씩 떨어졌고, 자연스럽게 물가도 올라가게 되었다. 물가가 올라가자 미국의 노동자나 농민, 많은 빚을 지고 있었던 서민들은 그들을 괴롭게 했던 디플레이션의 늪에서 점차 벗어날 수 있었다.

그렇다면 금본위제도는 그 문제점이 해결되었기 때문에 오늘날까지 존재할까? 오랜 시간 동안 미국 경제, 또한 세계 경제에서 금본위제도가 쓰이기는 했으나 영원히 지속되지는 못했다. 《오즈의 마법사》가 쓰인 19세기 후반을 넘어서서 20세기 초까지 금은화폐와 교환할 수 있는, 화폐의 가치를 보증해 주는 수단으로 쓰였다.

하지만 1914년부터 벌어진 제1차세계대전은 금본위제도를 중단하

경제 선생님,
스크린에
풍덩!

오랫동안 가치 저장 수단이었던 금.

게 만들었다. 각국은 전쟁비용을 감당하기 위해, 또한 전쟁 이후의 복구나 보상금 비용을 마련하기 위해 많은 돈을 찍어야만 했다. 금본위제도가 계속 실시된다면 많은 돈을 찍는 것이 불가능했기 때문에 각국은 금본위제도를 포기하고 원하는 만큼 지폐를 발행했다. 그러나 화폐 기준 없이 마구 발행한 결과 이번에는 화폐가치가 떨어지고 물가가 오르는 인플레이션이 나타나기 시작했다. 세계 각국에서 경제적 혼란이 계속되었다. 이러한 경제적 혼란은 결과적으로 경제대공황으로 이어졌다.

1930년대의 끔찍했던 경제대공황과 1940년대에 일어났던 제2차 세계대전이 끝나갈 무렵, 선진국들은 과거의 경제적 혼란을 막고자 새로운 국제금융체제를 만들었다. 제2차세계대전에서 승리를 맛본 미국과 영국이 주도하여 미국의 '브레턴우즈'라는 곳에서 세계 경제에 대한 회의를 진행했다. 이때 만들어진 국제금융체제를 '브레턴우즈 체제Bretton Woods system'라고 한다.

이 브레턴우즈 체제에서 금의 가치는 부활했다. 금본위제도를 사용할 때처럼 금을 화폐 가치의 기준으로 사용하게 된 것이다. 다만 과거와 다른 게 있다면 중간에 '달러'라는 매개체가 있었다는 것이다. 즉, 과거처럼 각 나라가 금을 제각기 가질 필요는 없었고, 미국 연방준비은행만 보유하도록 했다. 이렇게 비축한 금의 양에 비례해서 미국은 달러화를 찍게 된다(대신 35달러화를 금 1온스와 교환할 수 있다는 교환 기준을 고정시켜 놓았다). 당시 미국은 전 세계 금 보유량의 80퍼센트 이상을 차지하고 있었기 때문에 이와 같은 일은 충분히 가능했다. 다른 나라들은 중앙은행에 보유하지 않는 대신, 달러화를 가지고 있다면 충분했다. 만약에 어떤 나라가 35달러를 가지고 미국 연방은행을 찾으면 미국은 그 가치에 해당하는 금 1온스를 줘야 하는 것이었다.

이 브레턴우즈 체제의 시작은 미국의 통화인 달러화가 세계의 중심 화폐로 우뚝 서는 신호탄이었다. 국제적으로 물건이나 서비스를 가지고 거래를 할 때에도 점차 금이나 은 같은 귀금속 대신 달러화를 쓰기 시작했다는 것이다. 이로서 세계 각국은 달러를 필요로 하게 되었다. 달러와 같이 국제적인 거래에 주로 쓰이면서 세계에 통용되고 있는 화폐를 '기축통화key currency'라고 한다. 브레턴우즈 체제가 굳혀진 이후, 미국 달러화는 이제 세계 제1의 기축통화가 되었다. 제2차세계대전 이후로 미국은 초강대국으로 자리를 굳혀 가고 있었기 때문에 이러한 체제가 가능했던 것이다.

경제 선생님,
스크린에
풍덩!

그렇지만 달러화가 세계 중심에 섰다고 해서 금이 화폐의 기준으로 그 가치를 영영 잃은 것은 아니었다. 어쨌든 미국 내에서 달러는 금 보유량을 기준으로 해서 찍어야 했기 때문이다. 이것은 금이 달러의 가치를 보장하는 수단으로서는 여전히 쓰이고 있음을 의미한다.

하지만 이 브레턴우즈 체제 속에서도 화폐 체제의 문제점은 여전히 존재했다. 달러의 가치를 보증하기 위해 미국 연방준비은행은 반드시 금을 사서 비축해 두어야 했는데, 금을 사고 비축하는 데 드는 비용이 미국 정부에 큰 부담이 되었던 것이다. 위기는 1970년대 베트남전쟁이 끝날 때쯤 닥쳤다. 미국은 베트남전쟁 비용으로 막대한 돈을 퍼부었는데, 이를 위해 더 많은 화폐가 필요했다. 하지만 연방준비은행에 필요한 금은 충분히 공급되지 않았고 미국 경제에는 적자가 쌓이기 시작했다.

국가 살림살이에 위기가 닥치자 1971년, 당시 미국의 대통령이었던 닉슨Richard Nixon은 금태환제도 즉, 금과의 교환을 통해서 달러의 가치를 고정시키는 제도를 포기한다는 선언을 했다. 다시 말하면 달러의 가치를 보증해 주는 기준으로 더 이상

\# 기축통화로 사용되는 달러.

금이 필요 없게 된 것이다. 브레턴우즈 체제도 끝났고, 이것으로 금본위제도의 역사도 완전히 막이 내렸다.

이제 미국은 금 보유량에 구애받지 않고 달러를 발행할 수 있게 되었다. 쉽게 말하면 이제 달러를 미국에 내밀어도 금으로 바꿔 주지 않는다. 그런데 사람들은 무얼 믿고 여전히 달러를 국제거래의 중심통화로 쓰고 있는 것일까?

그것은 미국이 여전히 세계에서 가장 힘 있는 나라이기 때문이다. 그리고 달러는 오랫동안 기축통화로 활용돼 왔기 때문에 하루아침에 기축통화를 다른 통화로 바꾸는 것도 쉽지 않다. 최근에는 세계의 기축통화가 달러가 아닌 다른 나라 화폐로 바뀔 것이라는 예측도 조심스럽게 나오고 있다. 미국은 그 위상과는 다르게 세계 최고의 채무국(빚을 진 국가) 중 하나인 데다가, 점차 달러의 가치 자체가 떨어지고 있는 상황이기 때문이다. 게다가 앞으로 엄청난 성장 잠재력을 가진 중국이 있어 중국의 '위안화'가 기축통화로 등장하게 되지 않을까 예상을 내놓는 사람들도 많다.

화폐제도의 변신과 미래

조개껍데기, 가죽, 쌀, 밀, 구슬, 담배. 이 물건들의 공통점은 무얼까? 바로 인류 역사 속에서 모두 화폐로 사용된 것들이다. 금이나 은을 물품화폐의 대표적인 종류로 소개했지만 실제로 이 금속화폐들이 쓰이기 전과 그 이후에도 수많은 물품화폐들이 있었다. 예를 들어 제2차세계대전 중 어떤 포로수용소에서는 포로들 간에 재화와 서비스를 사고파는 데 담배가 사용되기도 했다. 그 이전 소련의 모스크바에서도 담배가 지폐보다 가치 있는 화폐로 유통되기도 했다.

화폐의 역사는 길고도 길다. 물품화폐의 시대를 거쳐 금속화폐, 이후에 종이화폐에까지 이르렀다. 앞으로는 전자상거래에 쓰이는 전자화폐나 사이버머니 등이 더욱 많이 사용될 것이다. 모든 화폐는 재화나 서비스를 사는 사람이 파는 사람에게 지불하는 수단으로 쓰이기도 하고, 물건의 가격을 정할 때 그 기준이 되기도 한다. 또 화폐를 잘 보관하고 있으면 나중에 물건을 사는 데 쓸 수 있기 때문에 가치를 저장해 놓는 수단이 될 수도 있다. 이처럼 화폐는 수많은 기능을 가지고 있으며 끊임없이 변신하고 있다.

우리가 현재 쓰고 있는 화폐나 그 화폐에 관련된 제도는 영원불멸한 것이 아니다. 세계에서 가장 많이 쓰이는 달러조차 그 힘을 잃고 있다는 이야기가 나온다. 금본위제도가 갑자기 사라진 것처럼 현재 쓰이고 있는 화폐제도도 한순간에 사라지고, 다른 통화가 위세를 떨칠 수도 있다. 19세기 말에 금본위제도와 금·은본위제도에 대한 논쟁이 벌어졌던 것처럼 어떤 것이 더욱 쓸 만한 화폐제도인지에 관해 사람들은 계속 논의를 할 수밖에 없다.

〈오즈의 마법사〉에는 도로시가 에메랄드성의 비밀을 알게 되는 장면이 나온다.

"그럼 이곳에 있는 게 모두 초록색이 아닌가요?"

"이 도시도 다른 도시들과 마찬가지야. 초록색 안경을 쓰고 있으니 당연히 모든 게 초록색으로 보일 수밖에. 하지만 이 나라 백성들은 오랫동안 초록색 안경을 쓰고 살았기 때문에 여기가 정말로 에메랄드로 만들어진 도시라고 믿어."

통화량을 관리하고 조절하는 정책은 중앙은행이 주도하는 복잡한 정책이기 때문에 우리가 모르고 지나치기 쉽다. 세계 무역거래에서 사용되는 기축통화에 대한 정책 역시 마찬가지다. 하지만 통화의 흐름과 그 영향을 전혀 모르는 채로 살아가면 경제의 흐름을 읽을 수 없다. 자칫하면 초록색 안경을 쓰고 에메랄드시를 초록색이라 믿어 버린 오즈 사람들처럼 경제정책에 대해 크나큰 착각을 할 수 있기 때문이다. 따라서 통화의 흐름과 경제정책에 항상 관심을 가질 필요가 있다.

아이들이 지폐로 벽돌쌓기 놀이를 하고 있다. 장난감 돈이냐고? 아니다. 분명 진짜 화폐. 사진 역시 위조가 아닌, 제1차세계대전 이후 독일에서 찍힌 실제 사진이다. 당시에는 이런 일들이 공공연하게 벌어졌다. 돈을 도배지나 땔감으로 쓰는 일도 생겨났다. 돈을 수레에 잔뜩 실어서 가져가 봤자 감자 한 바구니 사기 힘든 사태까지 벌어졌다. 대체 왜 이런 일이 일어난 것일까?

제1차세계대전에서 크게 패한 독일은 승전국들에게 어마어마한 전쟁 배상금을 지급해야 했다. 독일 정부는 이 전쟁 배상금 해결을 위해 화폐를 최대한 많이 발행해서 유통시켰는데, 바로 이것이 문제의 발단이었다.

너무 흔한 것은 값이 떨어지게 마련이다. 돈의 가치가 엄청나게 떨어지기 시작했다. 반면, 물가는 급속하게 올라갔다. 1921년에 1마르크였던 우표 한 장 값은 불과 2년 뒤에 100억 마르크가 되어 버렸다. 엄청난 물가상승, 즉 하이퍼인플레이션hyperinflation이 나타난 것이었다.

144

인플레이션이란 물가 수준이 전반적으로 상승하는 현상을 말하는데 이는 앞서 살펴본 디플레이션과 반대 상황이다. 특히 이 인플레이션 상황이 심각해져 인플레이션율이 수백 퍼센트에 이르게 되는 것을 '하이퍼인플레이션' 또는 '초인플레이션'이라고 한다. 제1차세계대전 이후 독일의 인플레이션율은 1년에 100,000,000퍼센트라는 어마어마한 수치를 기록했다.

이처럼 하이퍼인플레이션이 나타나는 가장 큰 이유는 정부가 화폐를 지나치게 많이 발행하는 데 있다. 보통 시중에 유통되는 화폐의 양을 통화량이라고 하는데, 이 통화량이 감당하지 못할 정도로 많이 늘어

\# 돈으로 벽돌쌓기 놀이를 하는 독일 아이들.

엄청난 양의 신권을 들고 가는 짐바브웨 사람.

짐바브웨 100조 달러.

나면 화폐 가치는 급속하게 떨어진다. 제아무리 100억 마르크라 찍혀 있는 화폐라도 휴지조각만
도 못한 신세가 되는 것이다. 그 대신 물건의 가치는 엄청나게 상승한다. 돈을 아무리 많이 줘도
물건을 사기 힘든 상황이 되는 것이다.

아프리카에 있는 짐바브웨는 이러한 하이퍼인플레이션을 지금도 겪고 있는 나라다. 한 때 아프리
카에서 경제적으로 안정된 나라 중 하나였던 짐바브웨는 정부의 통화정책 실패로 화폐 가치가 형
편없이 떨어졌다. 이 나라에서 얼마 전까지 쓰였던 화폐의 단위는 100달러도 1,000달러도 아니
고 100조 달러였다. 반면 물가는 엄청나게 치솟아 2009년 한때, 짐바브웨의 수도 하라레에서는
이 100조 달러짜리 지폐를 가지고도 버스 티켓 한 장을 살 수가 없었다. 이렇게 통화의 가치가
올라가느냐 떨어지느냐에 따라 각 나라들은 울고 웃는다.

나라 경제를 안정적으로 운영하기 위해서는 통화량을 적절한 수준으로 유지하는 것이 가장 중요
하다. 오늘날 대부분의 국가들은 과도한 인플레이션이나 디플레이션이 나타나지 않도록 중앙은
행을 통해 통화량을 적절하게 조절하고 있다.

우리 모두를 병들게 하는 '모럴 해저드'

아무도 '내 돈'을 책임지지 않는다

절제를 잃은 내 집 사기 열풍

한순간에 무너진 주택시장

집만 있는 거지 '하우스 푸어'가 되지 않으려면

문제는 정보의 불균형이야!

인간의 탐욕이 부른 튤립 광풍

여섯 번째 영화
월 스트리트

폭탄 돌리기
게임의 최후는?

월 스트리트

올리버 스톤 감독

133분

2010년작

우리 모두를 병들게 하는 '모럴 해저드'

자신의 책을 출간하고 기념 사인회를 하던 주식전문가 고든 게코에게 한 부인이 다가와 묻는다.

"모럴 해저드Moral Hazard가 무엇인지 말씀해 주시겠어요?"

고든 게코는 다음과 같이 답한다.

"모럴 해저드란 누군가가 부인의 돈을 가져가 놓고서는 아무런 책임을 지지 않는 것을 말합니다."

세계 최고의 주식매매 시장이 있는 월 스트리트Wall Street. 이곳은 각국의 주식거래인과 투자가, 금융회사 등이 모여 있는, 세계적으로 유명한 금융 밀집구역이다. 영화 〈월 스트리트〉는 세계 금융의 중심지인 월 스트리트의 화려한 모습과 그 뒷면에 숨겨져 있는 수많은 문제들을 파헤치고 있다. 영화의 제목이 의미하듯 돈은 잠들지 않고 사람들의 욕망도 잠들지 않기에, 돈을 쫓고 돈에 쫓기는 다양한 사람의 모습이 영화에 담겨 있다.

영화의 주인공인 제이콥은 유능하고 젊은 펀드매니저다. 그는 자신이 어렸을 때부터 존경하던 멘토 루이스가 운영하는 투자기관에서 일한다. 그가 주로 하는 일은 전망이 좋은 사업을 발굴한 다음, 그 사업에 필요한 자금을 모아 투자를 하고 이익을 거두어들이는 것이다. 특히 그는 바닷물을 이용한 새로운 미래에너지사업에 꿈을 걸고 투자유치를 하려 한다. 이러한 제이콥의 곁에는 정의롭고 아름다운 약혼녀인 위니 게코가 있었다. 제이콥은 능력과 돈, 사랑과 꿈까지 모두 거머쥔 행운의 사나이였다.

하지만 제이콥이 일하던 투자회사는 경쟁 투자회사인 처칠 슈와츠의 경영인인 제임스 브레톤의 모함에 의해 무너지고 만다. 제임스 브레톤은 제이콥의 회사에 대한 헛소문을 퍼뜨리고, 이로 인해 회사의 주가는 폭락한다. 한 달 전 한 주에 76달러나 했던 주식가치는 갑자기 바닥으로 떨어져 단돈 3달러에 처칠 슈와츠에 넘어가게 된 것이다. 회사의 경영인이자 제이콥의 은인이었던 루이스 역시 회사의 위기로 자살을 선택한다.

제이콥은 복수를 위해 자신의 약혼녀인 위니의 아버지이자 유명한 주식전문가인 고든 게코에게 정보를 얻고자 한다. 그 결과 그는 자신의 회사를 망친 장

세계 금융의 중심지, 월 스트리트.

출세가도를 달리고 있던 신예투자가 제이콥.

월 스트리트
폭탄 돌리기
게임의
최후는?

도망 간 고든 게코에게 주가 폭락의
정보를 얻는 제이콥.

본인이 제임스 브레톤이라는 정보를 얻게 된다. 제이콥은 복수를 꿈꾸며 제임스 브레톤의 회사에 들어가 펀드매니저 일을 시작한다.

영화 〈월 스트리트〉에 자주 등장하는 단어 중 하나가 '모럴 해저드'이다. 이 단어는 영화 속 인물들이 내뱉는 대사에도 수없이 등장한다. 심지어 제이콥은 영화 최고의 악인으로 등장하는 제임스 브레톤에게 "바로 당신이 모럴 해저드 그 자체다!"라고 악담을 퍼붓기도 한다. 악담이라고 하니 좋은 말은 아닌 것 같다. 영화 전반을 꿰뚫고 있는 주제, 모럴 해저드란 과연 무엇일까?

아무도 '내 돈'을 책임지지 않는다

모럴 해저드를 우리말로 풀이하면 '도덕적 해이'다. 해이解弛란 긴장이 풀어져 느슨해진 정신 상태나 태도를 일컫는다. 도덕적으로 해이해지는 현상은 언제나 나타나는 것이 아니다. 아무도 나를 감시하지 않을 때 많은 사람들이 도덕적으로 해이해진다.

가까운 예를 들어 보자. 학교의 야간자율학습 시간이다. 감시하는 사람은 아무도 없다. 선생님은 교실 밖 복도에 계신다. 선생님이 잠시 교실을 둘러보러 오실 때, 아이들은 조용히 공부하는 척한다. 하지만 선생님이 교실을 나감과 동시에 핸드폰을 하거나 친구와 떠든다. 감시하는 사람이나 적절한 제도가 없으면 대부분의 사람들은 긴장이 풀어지고 느슨해지는 것이다.

상거래 행위에서도 마찬가지다. 만약 어떤 동네에 무인 슈퍼가 운영되고 있다고 생각해 보자. 말 그대로 주인 없이 운영되는 슈퍼다. 주인이 없기 때문에 이 가게에 오는 손님들은 물건을 사면서 자율적으로 돈을 내야 한다. 이 경우 사람들은 양심적으로 돈을 내기도 하지만 반대로 감시하는 사람이 없기 때문에 돈을 안 내고 물건만 집어 들기도 한다. 아무도 볼 수 없는 '감추어진 행동' 즉, 모럴 해저드가 발생한 것이다. 이러한 경우 우리는 도덕적 해이 현상이 나타났다고 한다.

모럴 해저드를 처음으로 발견한 것은 보험사들이었다. 보험이란 사람들이 사고가 나거나 아플 때를 위한 대비책이다. 보험에 가입한 이들은 보험사에 일정량의 보험료를 대개 한 달에 한 번씩 지속적으로 내는 대신 자동차사고가 나거나 병을 앓게 되거나 혹은 사망하여 목돈이 필요할 경우 보험사가 지급하는 보험금을 한꺼번에 받을 수 있다. 하지만 보험가입과 동시에 보험가입자는 도덕적으로 해이해지기도 한다.

예를 들어 보자. 평소에 자동차사고가 날까 봐 주의를 게을리하지 않았던 '갑'이라는 사람이 자동차보험에 가입했다. 원래 갑은 항상 교통신호를 잘 지키고 운전도 조심조심 하던 편이었다. 하지만 자동차보험에 든 이후, 사고가 나도 보험사에서 사고처리 비용이 나오기 때문에 이제는 안심하게 되었다. 운전도 난폭하게 하기 시작했고 교통신호도 예전만큼 잘 지키지 않았다. 보험사에서 갑이 운전을 안전하게 하는지 그렇지 않은지 매일 따라다니면서 감시하지는 않기 때문이다.

만약 자동차사고가 난다 해도 보험사에서 차 수리비를 지급해 주기 때문에 갑은 목돈이 들 염려가 줄어든다. 하지만 보험사 입장에서 각각의 보험가입자들이 운전을 대충하게 된다면 사고가 늘어나게 되고, 사고가 늘면 가입자들에게 지불해야 할 돈이 많이 들어가 손해를 입게 된다. 이것은 자동차보험뿐 아니라 화재보험이나 생명보험에 있어서도 마찬가지다. 사람들이 보험에 가입했다고 해서 일부러 불을 내거나 목숨을 위태롭게 하는 경우는 소수이겠지만, 적어도 각종 사고예방 노력을 소홀히 하는 경우는 많다. 이와 같은 현상은 모두 보험사가 보험 가입자들의 행동을 일일이 감시할 수 없는 상황에서 비롯된다.

보험회사에서만 도덕적 해이가 발생하는 것이 아니다. 은행거래에도 도덕적 해이는 나타날 수 있다. 은행에 예금을 든 사람들은 그 대가로 이자를 받는다. 하지만 은행이 파산할 경우, 원금조차 못 찾는 위험에 맞닥뜨릴 수 있다. 그러나 '예금자보호제도'가 있는 경우에는 이야기가 달라진다. 예금자보호제도는 은행이나 투자기관이 부도가 나거나 파산해서 사람들이 맡긴 돈을 지급할 수 없을 경우, 국가가 설치한 예금보험공사에서 원금의 일부나 혹은 전부를 되찾게 보장해 주는 제도다. 우리나라에서는 보통 은행이나 상호저축은행 등이 부도가 나더라도 최대 5,000만 원까지는 원금을 되찾게 해 주는 예금자보험을 실시하고 있다.

은행 고객들은 일단 예금자보험에 들게 되면 자신의 돈을 걱정 없이 은행에 맡긴다. 특히 경영이 부실한 은행들은 다른 은행보다 높은 이자라도 붙여 자금을 모으려 하기 때문에 대체로 이자율(금리)이 높다. 예금자들은 부도 위험성이 있더라도 위험한 은행에 돈을 맡긴다. 어차피 5,000만 원 한도 내에서 원금은 보장되기 때문이다. 이와 같은 상황은 예금자의 도덕적 해이에 해당한다.

한편 은행의 입장에서도 도덕적 해이가 생긴다. 은행 경영자는 예금자들이 맡긴 돈을 가지고 위험성이 높은 대출 상대에게도 높은 금리로 돈을 빌려 주거나 투자하게 된다. 자기 돈이 아니기 때문이다. 이와 같은 도덕적 해이는 은행뿐 아니라 주식투자기관에서도 마찬가지로 일어난다. 투자자들이나 국가는 그들이 어떻게 돈을 쓰는지 일일이 감시하지 않는다. 그들은 온갖 방법으로 위험한 투자를 하지만 결국 문제가 생기면 책임질 수 없다.

우리나라에서도 이러한 문제들이 쌓여 2011년 심각한 사태가 일어났다. 몇몇 상호저축은행들이 고객이 맡겨 놓은 돈을 방만하게 운용하고 부정부패를 일삼다가 은행의 부실이 심해져 영업정지까지 당하게 된 것이다. 결국 영업정지를 당한 저축은행에 돈을 맡긴 사람들은 손해를 입고 말았다. 예금자보호 한도 내로 예금을 해 둔 사람은 그나마 원금은 돌려받을 수 있었지만, 그 이상을 맡겨 놓은 사람은 원금조차 찾을 수 없게 되었다. 이렇게 큰 손해를 본 사람 중 대부분은 한 푼 두 푼 몇 십년간 모은 돈을 저축은행에 예금해 놓은 평범한 서민들이었다.

영화 속 고든 게코가 강연에서 한 다음의 이야기는 우리나라에서 발생한 저축은행 사태와 묘하게 맞아 떨어진다.

"펀드매니저들은 연간 1억 달러를 법니다. 그리고 은행가들은 사는 게 심심한지 원금의 50배가 넘는 뻥튀기 투자를 하지요. 바로 여러분 돈으로 말입니다. 자기들 돈이 아니죠. 그들은 그럴 힘이 있으니까요. 여러분 돈을 끌어다 투자해 놓고서 설령 실패해도 책임지는 사람은 아무도 없습니다."

절제를 잃은 '내 집 사기 열풍'

영화 〈월 스트리트〉 속에서 돈을 좇는 대표적인 인물은 제이콥의 어머니이다. 그녀는 간호사로 일하다가 현재는 주택투기로 돈을 벌고 있다. 아들 제이콥에게 손을 벌리거나 은행에서 돈을 빌리는 방식으로 집을 몇 채씩 산 다음 값이 많이 오를 때 팔아서 목돈을 버는 방식이다. 하지만 영화의 후반부에는 빌린 돈으로 샀던 집들의 값이 모두 떨어져 엄청난 손해를 입는다. 아들 제이콥에게 돈을 빌려 달라고 청하지만 별 소용이 없다.

제이콥은 젊은 나이에 비교적 큰 아파트를 가진 능력남이다. 그랬던 제이콥 역시 미국의 경기가 침체되면서 회사를 관둔 후 아파트를 되파는 신세가 된다. 그가 집을 파는 대가로 받은 돈은 총 450만 달러다. 만감이 교차하는 제이콥에게 부동산중개인은 말한다.

"옛날 생각하면 뭐해요? 앞날을 생각하며 살아야지. 집값 450만 달러면 잘 받은 거예요."

제이콥은 이 말에 다음과 같이 대답한다.

"제가 집 담보대출로 빌린 돈만 600만 달러인걸요."

돈을 빌려 집을 샀지만 집값이 엄청나게 떨어져 빚만 쌓인 것이다.

한때 미국에서 집값이 엄청나게 오르던 시기가 있었다. 2000년대 초부터 2008년까지다. 시기를 거슬러 가 보면 2001년 미국은 9·11테러라는 비극적 사건을 겪었다. 이 사건은 이슬람 과격파들이 미국에 가한 어마어마한 테러였기에 그 여파가 엄청났다. 미국 경제에 미친 타격 역시 매우 커서 경기가 나빠지기 시작했다. 이렇게 침체되어 있는 경제를 되살리고자 미국 정부는 금융기관의 이자율을 낮추었다. 특히 대출에 대한 이자율이 낮아지면서 금융기관에서 돈을 빌리는 것이 훨씬 쉬워졌다. 이자율이 낮아지면서 주택 구입을 위한 대출도 늘어났다. 돈을 빌려 집을 사려는 사람들이 급증했고 집값 역시 가파르게 오르기 시작했다. 2001년부터 2006년까지 미국의 주택가격은 불과 5년 동안 평균 52퍼센트까지 치솟았다.

게다가 돈이 별로 없는 사람들 역시 엄청난 대출을 받아 집을 살 수 있는 기회를 얻어 내 집 사기 열풍은 더욱 심하게 불어닥쳤다. 저소득층은 신용등급이 낮아 금융기관에서 돈을 빌릴 때 어려움을 겪었지만, 이제는 집을 사기 위해서 대출을 받을 수 있는 상품이 생겨났다. 이

마구잡이 대출이 일어난 서브프라임 사태.

를 '서브프라임 모기지론Subprime mortgage loan'이라고 한다. 서브프라임이란 신용상태가 좋은 우량고객들prime이 아닌 비非우량 고객들, 즉 돈이 많지 않아 신용등급이 낮은 고객들을 말한다. 주택담보대출이란 돈을 갚지 못할 경우에 주택을 내놓을 것을 약속하고 돈을 빌리는 것을 말한다. 신용등급이 낮은 사람들에게도 대출을 통해 집을 살 수 있게 해 준 것이다.

당시 미국에서는 저소득층에게 주택매매가의 100퍼센트에 달하는 수준까지 대출을 해 주었다. 즉 1억짜리 집을 사려는 사람들에게는 7~8퍼센트 정도의 이자율로 1억을 빌려 준 것이다. 돈 한 푼 없이 빌린 돈 100퍼센트로 집을 사는 것이 가능해진 것이다.

사람들은 자신들의 능력을 넘어선 대출을 받고 집을 사기 시작했다. 모든 이유는 간단했다. 집값이 엄청나게 오르고 있었기 때문이었다. 대출을 받아 집을 사 둔다 해도 손해 볼 것은 없었다. 집값이 오르면 그 돈을 충분히 갚을 수 있다고 생각한 것이다.

영화에서 젊은이들에게 강연을 하던 고든 게코는 이 현상을 꼬집어 말한다.

"지금은 탐욕이 합법적인 시대입니다. 바텐더가 은행대출을 받아 집을 세 채나 사는 것은 탐욕 때문입니다. 여러분의 부모님이 집값을 초과하는 담보대출을 받아 쇼핑을 즐기는 것도 탐욕 때문이죠. 벽걸이 TV, 최신 휴대폰, 컴퓨터, 자동차, 거기다 또 집을 사기도 하죠. 왜냐하면 집값은 오르기만 하니까요. 탐욕 때문에 미국 정부는 9·11 사태 이후 이자율을 1퍼센트까지 낮췄고, 덕분에 우린 쇼핑을 계속했죠."

한순간에 무너진
주택시장

우리는 당시 미국 사람들의 집 사기 열풍을 앞서 살펴본 모럴 해저드로 풀어 볼 수 있다. 사람들이 능력에 비해 과도한 대출을 받는다 해도 대출회사는 이를 모두 알 수 없었다. 대출회사들은 대부분 투자은행(증권 투자나 채권 발행 등을 전문으로 하는 미국 은행의 한 종류)에서 돈을 빌려 대출을 해 주었다. 자신들의 돈을 빌려 주는 게 아니기 때문에 주택을 구입하는 사람들이 빚을 갚을 만한 능력이 있는지 없는지에 대해서는 생각하지 않았다. 주택가격이 오를수록 돈을 빌려 사라는 대출회사들의 부추김은 심해졌다. 나중에는 사람들이 대출을 받기 위한 증명 서류에 자기 소득을 적기만 하면 진짜인지 가짜인지 가려보지도 않고 마구 대출을 해 주기 시작했다.

　당시의 상황을 '폭탄 돌리기'에 비유하는 사람들도 있었다. TV쇼에서 폭탄 돌리기 게임을 하는 것과 똑같다. 가짜 폭탄 하나에 불을 켜 놓고 다음 사람에게 급히 넘긴다. 사람들은 가짜 폭탄이 언젠가 터질 것이라는 걸 뻔히 알지만 자기에게 왔을 때 폭탄이 터지지 않기만을 바라며 계속 다음 사람에게 돌린다. 이와 마찬가지로 집을 마구 사들인 사람들은 대출회사로, 대출회사는 투자기관으로, 투자기관은 투자자들에게로 책임을 떠넘긴다. 결국 미국 경제 자체가 함께 폭탄을 떠안고 돌리고 있는 꼴이 되고 말았다.

　절제를 잃은 대가는 참혹했다. 2008년 10월, 갑자기 집값이 떨어

주택시장 붕괴로 헐값에 집을 팔게 된 사람들.

지기 시작했다. 주택을 담보로 돈을 빌린 사람들은 집값이 오르기는커녕, 대출금을 갚지 못하고 무너지기 시작했다. 어떤 지역은 집값이 절반으로 떨어지기도 했다. 이제는 집을 사려는 사람들이 더 이상 생겨나지 않았다. 집을 팔려고 해도 제이콥처럼 대출금보다 못한 값을 치르고 팔아야 했다. 결국 집을 사 두었던 사람들에게 남은 것은 빚잔치밖에 없었다. 게다가 대출에 대한 이자율은 높아지기만 했다.

결국 이들에게 돈을 빌려 준 대출회사들 또한 원금을 회수하지 못해 무너지기 시작했다. 무너진 대출회사에게 투자한 투자은행도 함께 파산 위기에 몰리기 시작했다. 이리저리 변신하여 팔렸던 서브프라임 모기지 관련 증권을 구매한 투자자나 기업들 역시 위험해졌다. 이들이 증권을 사면서 함께 들어 있던 보험상품도 있었다. 이 보험상품을 판매한 회사들도 부도 위기에 빠졌다. 결국 미국의 주택시장 붕괴는 미국 전체 경제를 뒤흔들었다. 월 스트리트의 주가 역시 급속도로 떨어지기 시작했다. 마치 도미노가 차례차례 무너지듯, 미국 경제가 연쇄적으로 무너진 것이었다.

도미노의 붕괴는 여기서 그치지 않았다. 미국 경제가 세계에서 차지하는 비중이 워낙 컸기에 그 타격은 전 세계로 이어졌다. 미국에 주식을 투자한 외국 투자자들, 미국의 투자를 받았던 외국 기업들, 미국과 무역거래를 하고 있는 사람들 모두에게 위기가 찾아왔다. 미국뿐 아니라 유럽과 아시아 등 전 세계의 주가가 하락하기 시작했다. 이것이 이른바 미국에서 시작된 2008년 세계금융위기이다.

영화 〈월 스트리트〉는 한 은행가의 입을 빌려 이 위기를 다음과 같이 설명한다.

"1929년의 금융시장 몰락보다 더 심각한 상황일세. 전 세계 금융시장에서 돈이 마르고, 현금지급기에서는 돈이 사라질 거야. 예금자보호제도가 붕괴되고 은행들이 문을 닫아 폭동이 일어나면, 세계는 대혼란에 빠질걸세."

은행과 거대기업조차 무너지는 상황을 과연 누가 해결할 수 있을까? 결국 발을 벗고 나선 것은 미국 정부와 중앙은행인 연방준비은행이었다. 투자은행들과 AIG와 같은 보험회사, 시티그룹, 제너럴모터스나 크라이슬러와 같은 거대 자동차회사들까지 파산의 징조를 보이는 상황이었다. 이러한 거대기업이 그대로 파산한다면 미국 경제가 입을 타격이 뻔했기 때문이었다. 안 그래도 파산 위기에 놓인 국민들이 상품을 사지 않고 소비를 줄이면서 상품에 대한 수요도 줄고 기업의 투자까지 줄어드는 상황이었다. 경기침체가 전 미국으로 퍼진 상황에 기업들까지 문을 닫을 경우, 엄청난 실업자가 또 생겨날 판이었다.

급기야 기업들을 구제하기 위해 미국 정부는 공공자금을 투입해서 긴급대출을 해 주기로 결정했다. 이처럼 금융기관 또는 정부가 부도 위기에 놓인 기업에 대출을 해 주는 것을 '구제금융'이라고 한다. 그 한 예로 위기에 놓인 AIG 보험회사는 850억 달러라는 막대한 규모의 구제금융을 받아서 다시 살아나게 되었다.

문제는 이렇게 지원을 해 줄 때 들어가는 공공자금이 국민의 세금에서 나온다는 사실이었다. 기업의 경영자들이 위험한 경영과 투자를 해서 부도 위기를 맞은 것이었지만, 정작 국민의 세금에서 비롯된 공공자금으로 급한 불을 끄게 된 것이었다.

〈월 스트리트〉 영화 속에서 제이콥의 복수 대상인 제임스 브레톤은 부실한 채권을 마구 발행해 사람들에게 파는 것이 언젠가 회사를 부도 위험에 빠뜨릴 것이라는 사실을 뻔히 알고 있었다. 하지만 위험한 경영을 계속하면서도, 그 상황을 이용해서 자신의 이익은 모두 빼돌리는 비양심적인 행동을 보인다. 게다가 정작 자신의 회사가 위험에 빠지자 이번에는 국가에 공공자금을 지원해 줄 것을 요구한다. 그들이 파산하면 미국 경제뿐 아니라 세계경제가 대혼란에 빠질 것이라는 이유에서였다.

결국 잘못한 사람들은 분명 있지만 아무도 책임지지 않는 이상한 일이 벌어졌다. 주택 대출금을 갚지 못한 사람들은 빚을 줄여 달라고 정부에 요구했다. 대출회사가 무작정 대출을 부추겼기 때문이라고 그 책임을 미루려 했다. 대출회사들은 자신들이 망할 경우에 관련된 투자기관도 모두 망할 것이라며 미국 정부에 책임을 미뤘다. 투자기관 역시 자신들이 무너질 경우 미국 경제가 입을 타격을 생각하라며 정부의 지

미국 전역으로 번진 반 월 스트리트 시위.

월 스트리트
폭탄 돌리기
게임의
최후는?

월 스트리트 점령 운동에 나선 한 시민.

원을 요청했다. 금융위기의 여파로 부도 위험에 몰린 대기업들 역시 정부에 대규모 지원을 요구했다.

결국 이를 책임지게 된 것은 미국 정부이고, 정부가 이들을 지원하는 데 쓴 돈은 국민의 세금에서 나왔다. 이 세금에는 위험한 대출을 받지도 않았고, 위험한 투자나 경영도 하지 않은 사람들이 낸 돈도 포함되어 있었다. 책임져야 할 장본인들은 전혀 사태에 대해 책임지지 않고, 모든 해결방안은 미국 사회가 함께 떠안게 된 것이다. 이것이 모럴 해저드의 씁쓸한 종말이었다.

이 사건 이후로 미국 내의 빈부격차도 심해졌다. 미국 정부가 금융회사를 살리기 위해 국민 세금으로 모은 천문학적 규모의 구제금융이 각종 회사에 실시됐지만 정작 월 스트리트의 금융회사들은 이 돈으로 200억 달러의 보너스를 나눠 갖는 등 돈잔치를 벌이기도 해서 비난을 받았다. 반면 2011년 미국에서 주택담보대출을 갚지 못해 차압 통보를 받은 주택은 9개월 연속 증가하는 등 서민들의 삶은 더욱 어려워졌다. 이처럼 금융업계가 보여 준 부도덕성 때문에 최근에는 "월 스트리트를 점령하라."는 구호 아래 반 월 스트리트 시위가 일어나기도 했다.

집만 있는 거지 '하우스 푸어'가 되지 않으려면

책임져야 할 사람이 다른 사람에게 책임을 떠넘기는 상황은 비단 미국에서만 아니라 우리나라에서도 자주 일어난다. 집을 살 능력이 되지 않지만 집값이 오를 것이라 기대하고 무작정 대출을 받는 사람들, 오르고 있는 집값을 미끼로 대출을 권하는 금융기관이나 대출회사들이 우리나라에도 여전히 많다.

우리나라에서는 현재까지도 부동산 투자가 으뜸이라는 생각이 많이 남아 있다. 30년 전쯤 개발되기 전의 신도시나 강남 등 학군이 좋은 곳에 집을 사 두었던 사람들은 엄청난 집값 상승으로 이득을 보았기 때문이다. 집값이 필요 이상으로 계속 오르면서 사람들은 집에 대한 투자를 계속했다. 금융기관이나 투자회사에서 엄청난 돈을 빌리더라도 '언젠가 집값이 오르면 이익을 보겠지'라는 마음으로 무분별하게 집을 사는 사람들이 늘어났다. 그래서 지금까지 집이 지닌 실제 가치보다 집값이 지나치게 상승하는 역할을 했다.

한국에서도 미국과 비슷하게 집값이 갑자기 하락한다면 경제 전체에 영향을 미칠 가능성이 있다. 무리한 대출을 받으면서 집을 산 사람들은 대출을 갚지 못해 어려움에 빠지고, 사람들에게 빌려 준 돈을 되돌려 받지 못하는 금융기관이나 대출회사들도 함께 무너질 것이다. 그렇게 되면 사람들은 경제가 어려워졌다고 느끼고 소비를 줄일 것이고 기업에 대한 투자도 줄어들 것이다. 집값 상승으로 큰돈을 벌었다는 이야기는 옛말이 될 수 있다. 가까운 이웃나라 일본이 이미 90년대에 겪었던 상황이다. 일본 경제는 그 후 오랜 침체에 빠져 버렸다.

실제 우리나라 부동산시장도 조금씩 침체의 길에 접어드는 조짐이 보이고 있다. 넓은 평수의 집값은 오히려 떨어지거나, 사람들이 집을 굳이 사려고 하지 않아 전세값이 올라가는 현상이 벌어지기도 한다. 건설회사가 아파트를 지어 놓아도 이를 사려는 수요가 부족하여 분양이 안 되는 경우도 늘고 있다. 집값 거품이 점차 사그라지고 있는 것이다.

능력 이상으로 과도하게 대출을 받아 집을 사는 것은 위험한 투자가 될 수밖에 없다. 또 다른 폭탄 돌리기를 시작하는 행위일 뿐이다. 폭탄이 터졌을 때는 누구도 나의 손해에 대해 책임을 져 줄 수 없다는 사실을 알고 행동할 필요가 있다.

우리나라에서는 이렇게 과도하게 대출을 받아 비싼 집을 사고, 집 외에는 가진 것이 없는 데다 높은 대출이자를 갚으며 살아가는 사람들을 일컬어 '하우스 푸어hous poor'라고 말한다. '집만 있는 거지'라는 뜻이다. 자신이 갚을 수 있는 한도 내에서 대출을 받아 집을 마련하는 것이 하우스 푸어가 되지 않는 유일한 예방책이다.

문제는
정보의 불균형이야!

도덕적 해이가 일어나는 이유는 정보 불균형 때문이다. 정보를 많이 가진 쪽이 감추어진 행동을 해도 정보를 적게 가진 쪽은 이를 일일이 감시할 수 없는 정보의 불균형 상황, 이 때문에 도덕적 해이가 나타난다. 정보의 불균형이 경제적 거래에 문제를 일으키고 사회적 비용을 치르게 함을 처음으로 연구한 인물은 조지 애컬로프George A. Akerlof라는 경제학자다. 애컬로프는 정보가 분포되어 있는 상황이 어떻게 경제에 영향을 미칠 수 있을까를 연구하는 '정보경제학'의 창시자다. 그는 중고차시장을 예로 들어 〈레몬 시장:제품의 품질이 불확실한 경우〉라는 논문을 발표했다. 여기에서 '레몬'이란 미국에서 불량 중고차를 이르는 말인데, 레몬이 서양에 처음 전파되었을 때 오렌지인 줄 알고 기대하고 먹었다가 그 신맛에 깜짝 놀란 데에서 유래됐다. 즉 겉은 번지르르하지만 실속은 없는 것을 이르는 말이다. 우리말로 옮기면 '빛 좋은 개살구' 정도가 된다.

중고차는 새 차와 달리 성능이나 조건이 각기 다를 수밖에 없다. 원래 차의 주인이 어떻게 관리를 했는지, 사고가 난 적이 있는지 없는지에 따라서도 그 품질이 달라진다. 하지만 대개의 중고차는 이미 수리를 하고 깨끗하게 닦거나 칠을 해 놓기 때문에 그 실질적인 품질을 알기 어렵다. 즉 이 차가 맛있는 오렌지인지 시큼한 레몬인지 구분하기 쉽지 않다는 것이다.

여기 실제 가치가 500만 원짜리인 실속 중고차와 200만 원짜리인 깡통 중고차가 있다. 실속차와 깡통차는 겉보기에 비슷해 보인다. 중고차 판매자는 이제 이 두 자동차를 반짝반짝 닦아 그럴듯하게 전시해 놓는다. 실속 중고차는 500만 원 정도의 훌륭한 성능과 괜찮은 연비를 자랑한다. 하지만 값이 비싸다. 반면 깡통차는 딱 200만 원 정도의 가치가 있는, 다소 기능이 떨어지는 불량 차이지만 상대적으로 값이 싸다. 합리적인 소비자라면 둘 중 무엇을 택할까?

문제는 중고차 판매자가 손님들에게 이 차들의 실제 성능과 품질에 대해 자세히 알려주지 않는다는 것이다. 판매자는 정확한 정보를 갖고 있고, 구매자는 정보를 제대로 갖고 있지 못하다. 정보의 불균형이

\# 겉보기에는 모두 비슷해 보이는, 딸끔한 중고차들.

경제 선생님,
스크린에
풍덩!

발생하는 것이다. 구매자는 자신이 알고 있는 극히 적은 정보를 가지고
자신이 탈 차를 선택해야 한다.

결국 사람들은 무엇을 기준으로 중고차를 고르게 될까? 실속차는
다른 차에 비해 터무니없이 비싸 보여서 사람들은 이 차를 사지 않는
다. 깡통차는 값은 싸나 사기가 영 찝찝하다. 결국 판매자는 깡통차의
가격을 슬쩍 300만 원으로 올려놓는다. 실속차는 생각해 보니 그냥 중
고차 시장에 두기에는 아까운 품질이다. 그래서 판매자 자신이 실속차
를 직접 타거나 잘 알고 있는 친구에게 이 차를 팔게 된다. 이제 소비자
들은 중고차 시장에서 300만 원 하는 깡통차를 보게 된다. 깡통차는 가
격도 적당하고 겉보기에도 멀끔하다. 게다가 판매자가 적극적으로 추
천까지 한다. 구매자 눈에 보이는 것은 겉모습과 가격뿐이다. 깡통차의
실제 품질을 모르는 구매자는 저렴한 가격에 끌려 이 자동차를 사게 된
다. 차를 직접 몰고 다닌 후에야 이 차의 성능에 대해 깨닫고 후회하게

되는 것이다.

이렇게 정보의 불균형 때문에 사람들이 자신에게 불리한 의사결정을 하게 되는 것을 '역선택adverse selection'이라고 한다.

역선택의 상황은 앞서 보았던 보험시장에서도 발생한다. 생명보험은 고객이 사망할 경우 미리 약속해 놓은 보험금을 그 유족들에게 지급해 주는 것이다. 그러니까 생명보험회사의 입장에서는 되도록 건강한 사람들이 보험에 가입해야 고객들이 갑자기 사망해서 큰돈을 지급하는 경우가 줄어든다. 보험회사는 건강하고 젊은 사람들을 고객으로 받고 싶어한다. 하지만 정작 생명보험에 가입하고 싶어하는 사람들은 건강이 나쁘거나 사고 위험이 있어 멀지 않은 미래에 죽음을 어느 정도 예측하고 있는 사람들이다. 자신이 사망할 때 가족을 위해서 생명보험에 들어 두는 것이 좋기 때문이다.

보험회사가 고객들을 아무런 제한 없이 받는다면 사람들은 자신의 건강 상태나 사고 위험을 굳이 알리지 않고 보험에 가입하려 할 것이다. 가입자들의 건강 상태에 대해서 본인들은 잘 알고 있겠지만 보험회사 쪽에서는 잘 알지 못하기 때문이다. 이 경우에도 정보의 불균형이 발생한다.

그렇다면 보험회사들은 어떻게 대처해야 할까? 이들은 불량한 보험가입자들을 가려내기 위해서 선별을 한다. 즉 가입을 희망하는 사람들의 건강진단서 같은 서류를 미리 떼 오게 해서 이를 충분히 검토한 다음 가입자를 받는 것이다. 또한 나이가 많을수록 사망확률이 높아지기 때문에 가입조건에 나이 상한선을 정해 놓는 경우도 있다. 예를 들어 60세 이상은 사망확률이 높아지기 때문에 아예 가입을 받지 않는 것이다. 가입하는 나이에 따라 보험료를 다르게 정하는 방법도 있다. 20대, 30대, 40대, 50대 등 연령마다 사망확률은 달라지기 때문에 연령이 높을수록 보험료를 높게 정한다. 그래서 대부분의 생명보험들은 나이가 들어 가입할수록 매달 더 많은 보험료를 내야 한다.

지금까지 살펴본 대로 역선택과 도덕적 해이는 비슷한 듯하나 다르다.

역선택이란 앞에서 말했듯 상대방의 숨겨진 특성이 무엇인지 정확히 모르는 상태에서 자신에게 불리한 대안을 선택하는 경우를 말한다. 상대방의 특성이 무엇인지 정확히 아는 사람은 불리한 선택을 할 필요가 없기 때문이다.

반면 도덕적 해이는 상대방의 숨겨진 행동이 무엇인지 몰라서 발생하는 문제다. 건강한 사람이 보험에 가입했다 할지라도 가입 이후에는 숨겨진 행동을 할 수 있다. 보험가입 이전에 열심히 운동하고 건강에 좋은 음식을 먹던 사람도 가입 이후에는 다르게 행동할 수 있다. 건강이 나빠져 병원에 가서 치를 비용 부담이 적어지니 운동에 소홀해지고 건강에 나쁜 음식을 전보다 더 많이 먹게 되는 것이다. 보험회사의 입장에서 보면 치러야 할 보험금이 커지기 때문에 불리하지만 가입자들의 행동을 일일이 관찰하기는 힘들다.

이렇게 보험가입자가 보이는 감추어진 행동으로 인해 발생하는 문제가 도덕적 해이다. 하지만 도덕적 해이가 도덕적으로 나쁜 행동은 아니다. 보험가입자 역시 합리적인 경제주체이기 때문에 자기에게 유리한 행동을 하고 있을 뿐이다.

인간의 탐욕이 부른
튤립 광풍

영화의 마지막 장면인 제이콥 아들의 생일파티에서 꼬마들이 비누거품을 날리며 놀고 있다. 거품은 하늘 멀리멀리 떠올라 월 스트리트를 향해 날아간다. 영화 〈월 스트리트〉가 꼬집는 것은 모럴 해저드만은 아니다. 거품과 같은 돈, 그 돈을 쫓기 위해 또 다른 거품을 만들어 내는 사람들의 모습이 영화에 다양하게 나타난다. 영화에서 강연을 하던 고든 게코는 현재 경제 상황을 다음처럼 비유한다.

"돈에 스테로이드(근육을 강화하거나 피부를 재생시킬 때 쓰는 물질)를 주입해 놓고 포장하지만 결국 이건 스테로이드를 맞은 돈인 거죠."

사람들이 만지길 원하는 돈은 잔뜩 부풀어 있기는 하지만 실질적 가치가 있는 돈이 아니다. 풍선을 계속 불다 보면 터져 쪼그라들듯 언젠가는 터져 버릴 돈이라는 것이다. 게코는 은행가들이 금융상품을 통해 돈을 불리는 것처럼 보이지만 실속이 없는 투자를 하고 있음을 이야기한다. 언젠가는 꺼질 거품, 이 거품은 어떤 재화나 산업에도 형성될 수 있다. 심지어 튤립 한 송이까지도 그 대상이 될 수 있다.

고든 게코의 아파트에 걸려 있는 튤립 액자. 이 역시 튤립에 불어닥쳤던 거품을 기억하기 위해 게코가 걸어 둔 것이다. 1630년 네덜란드는 해상 무역국으로 한창 잘나가던 국가였다. 당시 유럽에 있는 국가들 가운데서도 1인당 국민소득이 가장 높았던 네덜란드인들은 많은 돈을 소비하고 투자할 만한 곳이 필요했다. 그들의 과시욕구를 채워 줄

만한 대상으로 찾은 것은 튤립이었다.

당시 네덜란드 사람들은 튤립의 색깔이나 모양에 따라서 모두 이름을 붙여 주었다고 한다. '황제', '총독', '제국', '장군' 등 이 모든 것이 튤립의 이름이었다. 즉 튤립에도 그 생김새에 따라서 지위가 있었다. 황실을 상징하는 붉은 줄무늬가 있는 황제튤립은 그 값이 유난히 비쌌다고 한다. 황제튤립 한 송이 값이 당시 네덜란드 암스테르담 집 한 채 값에 맞먹는 1,200플로린(당시 네덜란드 금화 단위)에 이르렀다고 하니 참으로 놀라운 일이다.

그런데 튤립은 꽃이 피기 전까지는 그 뿌리만 보고서 어떤 색깔과 모양을 내는지 알 수가 없었다. 어떤 뿌리는 황제튤립을 피울 수 있었고, 어떤 뿌리는 평범한 튤립을 피울 수도 있었다. 이런 특성 때문에 사람들은 튤립 뿌리를 사고팔았다. 이 튤립 뿌리가 어떤 꽃을 피울지 불확실하

투기 열풍에 휩싸인 튤립.

니까, 그냥 싼값에 튤립 뿌리 하나를 사 놓았는데 운이 좋아 황제튤립을 피운다면 비싸게 팔 수 있었다. 이것이야말로 최고의 대박이었다. 즉 '튤립 뿌리 사기'는 지금의 주식투자와 비슷한 형태였던 것이다.

튤립과 그 뿌리의 가격이 하늘 높은 줄 모르고 치솟자 여러 직업의 다양한 사람들이 튤립 광풍에 참여했다. 구두 장수나 빵가게 주인, 직공 등 평범한 서민들도 모두 일확천금을 바라고 튤립 뿌리를 샀다. 그들은 돈이 없었기 때문에 집이나 가재도구, 양조장, 제분소 등을 팔아서 오로지 튤립 뿌리 하나를 샀다. 이 때문에 튤립 뿌리의 가격은 한 달만에 50배 이상 치솟았다. 소 다섯 마리보다 튤립 뿌리 하나의 값이 비쌀 정도였다. 1637년쯤 이르자 황제튤립의 가격은 더욱 올라서 6,000길더(네덜란드의 화폐 단위) 정도가 되었는데, 이는 당시 노동자가 30년 정도 일해야 벌 수 있는 수준이었다.

그런데 1637년 2월 첫째 주, 갑자기 튤립시장이 무너졌다. 치솟는 가격에 불안함을 느낀 일부 투자자들이 튤립 구매에서 손을 뗀 것이었다. '더 이상 튤립을 살 사람이 없다'는 소문도 나돌았다. 불과 며칠 만에 튤립의 가격은 100분의 1 이하로 떨어졌다. 집이나 가재도구까지 팔면서 튤립을 샀던 서민들은 줄지어 망하기 시작했다. 특히 뒤늦게 이 시장에 뛰어든 사람들은 자살을 선택하기까지 했는데 당시 상황이 얼마나 심각했는지를 짐작할 수 있다.

네덜란드 정부는 튤립 가격이 폭락하는 것을 막기 위해 나름대로 다양한 정책을 마련했지만 모두 실패했다. 결국 튤립의 가격은 최고 가격의 수천 분의 1로 떨어졌다. 이와 같은 튤립 시장의 거품이 꺼지면서 네덜란드는 경기침체의 길에 들어섰다.

이처럼 시장에서 부동산이든 꽃이든 어떠한 대상의 시장가격과 원래 지니고 있는 내재적 가치 사이에 차이가 심할 경우 이를 거품경제 buble라고 한다. 즉 그 대상의 실질적 가치에 비해 시장가격이 지나치게 높게 평가되었다는 것이다. 이를 거품이 끼었다고 표현하기도 하고 '과열過熱'이라는 단어로 설명하기도 한다.

거품이 만들어지는 이유는 간단하다. 그 자산이 가지고 있는 가치가 변하지 않았는데도 사람들이 자산의 시장가격이 급격하게 상승할 것이라고 기대를 해서 투기를 할 경우에 거품경제가 만들어진다. 이 거품경제를 한 마디로 말한다면 '비이성적인 투기행위'라고 볼 수 있다.

역사적으로 거품경제는 앞서 말한 튤립 광풍에서 최초로 발견되었다. 하지만 이후에도 거품경제는 반복되었다. 1920년대 미국에서도 경기가 좋아 주식값이 한창 올랐지만 갑자기 경기침체가 와서 대공황의 공포가 시작되었다. 1980년대 일본에서는 부동산 가격이 한창 올라 사람들이 너도 나도 대출을 받아 집을 샀지만 그 거품이 꺼지면서 장기침체의 늪에 빠졌다. 2000년대 미국에서는 IT산업에 대한 전망이 밝아 관련 주식이 엄청나게 팔렸지만 얼마 후에 거품이 꺼지면서 경제를 혼란스럽게 했다. 앞서 살펴본 2008년 미국발 세계금융위기 역시 집값 거품이 사그라지면서 생긴 사태로 볼 수 있다.

대부분의 거품경제에 동참하는 사람들이 매우 어리석어 보일 수도 있다. 그렇다면 사람들은 왜 이런 어리석은 행위에 동참하는 것일까? 그것은 버리기 힘든 '탐욕' 때문이다.

영화의 후반부 제이콥은 제임스 브레톤이 자신이 다니던 회사를 무너뜨리기 위해서 한 비열한 행동들을 인터넷사이트 기사를 통해 모두 폭로한다. 덕분에 탐욕스럽던 제임스 브레톤과 그의 회사인 처칠 슈워츠는 한순간에 무너진다.

인간의 욕심과 이기심 그 자체는 애덤 스미스의 주장대로 나쁜 것은 아니다. 오히려 자연스러운 인간 고유의 본성이다. 하지만 돈이 전부라고 여기는 인간의 탐욕은 위험한 결과를 불러올 수 있음을 영화는 보여 준다.

월 스트리트
폭탄 돌리기
게임의
최후는?

"일본의 잃어버린 10년" 신문 경제면에서 종종 이러한 기사 제목을 본 적이 있을 것이다. 세계에서 손꼽히게 잘 사는 나라 일본. 그러나 거품경제의 소용돌이에 휘말려 1991년부터 2001년까지 무려 10년 동안 경제성장률이 0퍼센트였다면 믿어지는가? 바로 이 시기가 일본의 잃어버린 10년이라 일컬어진다. 대체 왜 이런 일이 일어났을까?

1980년대 일본 경제가 엄청난 흑자를 자랑하던 시기, 미국과 주요 선진국들의 견제가 끊이지 않았다. 일본 경제에 대한 압박을 헤쳐 나가기 위하여 일본 정부는 위험한 결단을 내리게 된다. 금리를 최저로 낮춘 것이다. 미국의 서브프라임 모기지 상황과 유사한 일이 벌어졌다. 엄청나게 낮은 금리에 일본인들은 너도나도 대출을 받아 투자를 시작했다. 특히 부동산과 주식에 투자를 하는 사람들이 많았는데, 그 덕에 부동산가격과 주식가격은 급속히 치솟았다. 투자를 넘어 투기하는 사람들까지 가세하면서 땅값과 주택가격은 무서운 줄 모르고 올라갔다.

당시 일본 도쿄의 아파트 한 채 가격은 샐러리맨 연봉의 100배인 200억 원 가까이 치솟았다. 1986~1987년 정도에 이미 도쿄 지역 땅을 팔면 미국 땅 전체를 살 수 있을 정도였다. 사람들은 일본의 호황이 끝나지 않을 것이라 믿었고 투자를 계속했다. 어떤 사람들은 집값이 지나치게 올라 월급만으로는 갚을 능력이 안 되자 50년 동안 분할해서 갚기로 약속하고 대출을 받기도 했다. 자식세대한테까지 빚을 물려 준 것이다.

가파르게 치솟은 일본의 주택가격.

주가 역시 가파르게 치솟아 떨어질 줄 몰랐다. 그런데 1991년, 일본 정부는 이러한 거품을 제거하기 위해 이자율을 2.5에서 6.0퍼센트까지 올리는 정책을 시행하게 된다. 은행대출을 받아 투자를 했던 사람들은 갚아야 할 대출이자가 엄청나게 불어나자 재빨리 집과 주식을 팔아 버렸다. 사는 사람은 없이 파는 사람만 늘어나자 주택가격과 주식가격이 한꺼번에 폭락해 버렸다. 도쿄의 평균 땅값은 반 토막이 났다. 빚더미에 나앉은 사람들이 빚을 갚지 못하니 은행도 연쇄적으로 도산했다.

겁을 먹은 일본인들은 극도로 소비를 줄였는데 이것은 기업에 치명적인 결과를 불러왔다. 생산을 해도 상품이 팔리지 않자 도산하는 기업들이 늘어났다. 기업이 어려워지니 실업자도 늘어났다. 1990년에 126만 명이던 일본의 실업자 수는 2001년에는 3배 가까이 불어나 350만 명 정도가 되었다. 이렇게 거품경제가 꺼지면서 일본은 길고 긴 침체의 늪에 빠지게 되었는데, 이 시기가 일본의 '잃어버린 10년'이 된 것이다.

이와 같은 상황이 혹시 한국에 똑같이 오지 않을까 우려하는 사람들도 많다. 지금 한국의 집 한 채 가격은 국민의 연평균 소득의 13배에 달한다. 10년 이상 일해서 번 돈을 한 푼도 쓰지 않고 숨만 쉬고 살아야 겨우겨우 집을 살 수 있는 것이다. 이렇게 치솟은 주택가격이 한꺼번에 폭락하게 되면 우리도 일본처럼 장기침체에 빠질 수 있다. 이웃나라 일본의 쓰라린 경험을 통하여 교훈을 얻어야 할 때다.

탄광촌 소년, 발레리나를 꿈꾸다

산업화의 주역, 영국의 빛과 그림자

인간답게 살고 싶다! 노동당의 승리

'영국병'은 과연 존재했을까?

'철의 여인' 대처의 강력한 신자유주의 처방

신사의 나라? 세계에서 가장 양극화가 심한 나라

모두가 행복한 복지국가는 어떻게 가능할까?

영국

탄광촌에서 핀

신자유주의

Billy Elliot

\빌리 엘리어트

\스티븐 달드리 감독

\110분

\2001년작

탄광촌 소년,
발레리나를 꿈꾸다

2001년 개봉한 영화 〈빌리 엘리어트〉는 영국의 한 남성 발레리나의 성장과정을 다룬 실화 영화다. 1984년, 영국 동북부 더럼 주의 조그마한 탄광촌에서 살고 있는 주인공 빌리 엘리어트. 빌리의 아버지 재키 엘리어트와 형 토니 엘리어트는 탄광촌에서 일하는 광부다. 아버지와 형은 이곳에서 석탄노동조합의 조합원으로 활동하면서 파업에 앞장섰다.

빌리는 척박한 탄광촌에서 자랐음에도 감수성이 풍부하고 음악을 좋아하는 소년이었다. 아버지와 형은 가난한 가족의 생계와 명예를 위해 빌리가 성공하기만을 항상 바랐다. 아버지는 빌리에게 남자다운 권투를 배우게 했다. 권투선수로 성공해 쓰러진 집안을 다시 일으켜 세우기를 간절히 원했다. 그러나 빌리는 권투에는 영 소질이 없었다. 오히려 권투보다는 음악과 춤에 관심이 많았다. 그러던 어느 날, 우연히 권투교실로 운영되던 체육관에 발레를 하는 소녀들이 찾아왔다. 발레교실을 권투교실과 함께 운영하도록 방침이 바뀐 것이다. 빌리는 체육관 한쪽 구석에서 발레를 하는 소녀들을 힐끔힐끔 바라보며 자신도 모르게 발레에 관심을 갖는다. 그러한 빌리를 지켜보던 발레 선생님 윌킨슨의 독려에 힘입어 빌리는 조금씩 발레를 배우게 된다. 발레교습 후, 빌리는 도서관에서 발레와 관련된 책을 찢어 혼자 공부하고, 주변에서 남자가 발레를 배운다며 듣기 싫은 소리를 해도 개의치 않는다. 발레에 완전히 빠진 것이다. 빌리는 춤을 추는 그 순간만큼은 세상 그 누구보다 행복했다.

그러나 행복은 오래가지 않았다. 몰래 발레를 배우는 것을 아버지에게 들키고 만 것이다. 극렬히 반대하는 아버지를 설득하기 위해 윌킨슨 선생님이 나섰고, 설득 끝에 마침내 정식으로 발레를 배울 수 있는 영국왕립발레학교 입학 오디션을 준비하게 된다.

크리스마스 날 땔감이 없어 엄마의 유산인 피아노를 부숴 땔감으로 써야 할 만큼 빌리의 집안은 가난했다. 게다가 아버지와 형이 노조 투쟁과 파업을 하면서 수입마저 없게 됐다. 오디션을 보기 위해서는 도시로 나가야 했는데, 빌리에겐 차비가 없었다. 결국 아버지는 돈을 벌기 위해 자신의 파업을 철회하기로 했다. 파업 시위대에서 빠져나와 일터로 돌아가는 버스를 탄 것이다. 그리고 그것을 본 형 토니는 투쟁과 파업을 포기하고 동료를 배신한 아버지에 대해 큰 실망감을 느낀다. 하지만 아버지의 그 모든 행동이 빌리를 위한 것임을 알고는 절규한다.

정부를 상대로 한 파업은 노조의 철회로 실패했지만 빌리는 영국왕립발레학교에서 아주 우수한 성적으로 졸업해 발레리나로 성장한다. 빌리는 아버지와 형을 초대한 공연에서 한 마리 멋진 백조의 모습을 보

\# 선생님의 도움으로 발레를 배우기 시작한 빌리.

빌리 엘리어트
영국
탄광촌에서 핀
신자유주의

\# 한 마리 백조로 비상하는 빌리 엘리어트의 모습.

이며 영화는 끝을 맺는다.

　　영화의 시대적 배경은 1980년대 초반, 마거릿 대처Margaret Thatcher 총리가 신자유주의정책을 본격적으로 추진하고 있을 때였다. 이 '신자유주의'는 오늘날 우리가 사는 세계를 이해하는 데 있어 빼놓을 수 없는 아주 중요한 경제 기조다. 〈빌리 엘리어트〉의 배경이 되는 1980년대 영국의 탄광촌으로 들어가 보자.

산업화의 주역, 영국의 빛과 그림자

이 영화의 배경을 이해하기 위해서는 먼저 영국의 경제 흐름을 읽어야 한다. 근대 이후 영국의 경제는 우리가 상상하는 것 이상으로 폭발적인 성장을 거듭했다. 대륙 곳곳에 식민지를 건설하며 세계의 산업화를 이끌었고 제1차, 제2차세계대전의 승전국이기도 했다. 그런데 이렇게 잘 나가는 영국에 살던 빌리는 왜 그토록 가난했던 걸까? 그리고 아버지와 형은 무엇 때문에 파업을 해야 했을까? 빌리 가족이 겪은 고난을 제대로 이해하기 위해서는 영국의 근현대사를 먼저 살펴봐야 할 것이다.

　　1688년에 일어난 영국의 명예혁명은 피를 흘리는 충돌 없이 전제 왕정을 입헌군주제로 바꾸었다. 정치적·종교적으로 자유로운 생활을 보장하게 되었고, 의회민주주의가 성립하게 되었다. 영국의회는 다수를 차지하는 정당이 내각을 조직하여 운영하는 내각책임제를 시행했

메리와 윌리엄에게 권리장전을 승인받아 낸 명예혁명.

다. 이러한 정치적 안정 속에서 영국은 산업혁명의 진앙지가 되어 전 세계의 산업화를 이끌었고, 세계 곳곳에 식민지를 개척했다.

19세기 초, 유럽대륙은 나폴레옹 시대를 열게 되었다. 나폴레옹 시대는 결국 전쟁과 민족주의, 자유주의 사상을 낳았으며 구체제의 부활과 혁명의 과정으로 인해 혼돈 그 자체였다. 반면 영국은 그러한 복잡한 소용돌이 속에서 지리적으로 떨어져 있었고, 정치적으로 안정되어 있었기에 의회에서는 개혁을 서서히 진행시킬 수 있었다.

발 빠른 산업화는 농촌인구의 대거 도시 이동을 낳았고 그 결과 선거구의 재조정이 필요하게 됐다. 처음 선거법은 도시의 신흥 상공업자에게만 투표권을 부여해 노동자들의 불만이 나타났고, 그로 인해 노동자들은 보통선거권을 요구하는 차티스트운동을 전개했다. 차티스트운동의 결과 선거권은 점차적으로 확대되어 1867년에는 도시 소시민과 노동자에게 투표권이 부여되었고, 1884년에는 광산 노동자와 농민에게도 투표권이 확대되었다. 그리고 1928년 비로소 진정한 의미의 보통선거권이 확립되었다.

또한 영국의회는 곡물법과 항해법을 폐지하였다. 곡물법은 지주계급의 경제적 이익을 보장하기 위해 곡물가격을 일정하게 유지시키는 제도였다. 항해법은 영국과 교역을 할 경우에는 영국의 배 또는 교역당사자 국가의 배만 이용할 수 있도록 규정한 법으로 영국의 무역을 보호하기 위한 제도였다. 곡물법은 1846년 폐지하였고, 항해법은 1849년 폐지하였다. 이는 영국에서도 자유주의 정치이념이 많이 자랐고, 자유무역체제를 확립한 의의 있는 사건이었다. 특히, 곡물법과 항해법 폐지는 영국이 세계 경제의 중심지임을 보여 주는 사건으로 영국은 19세기 후반 빅토리아여왕 시절 최고의 번영을 누리게 됐다.

영국은 인클로저 운동(지주들이 자신의 수입을 늘리기 위해 농경지나 황무지에 울타리를 치고 양을 방목하는 목장으로 만든 운동)이 전개되면서 농촌인구가 대거 도시로 이동하게 되었으며, 그 결과 산업 활동에 필요한 노동력을 충분히 공급할 수 있게 되었다. 부르주아계급은 충분한 노동력을 바탕으로 시민혁명을 통해 폭넓게 성장할 수 있었다. 또한 식민지 개척으로 원료와 새로운 시장을 확보한 상태여서 산업혁명이 가장 먼저 일어날 수 있었던 계기를 마련했다.

산업혁명은 생산량을 늘리기 위해 다양한 기계를 발명하는 원동력이 되었다. 또한 기계는 제철, 석탄공업과 관련되어 서로 영향을 주면서 발전했다. 원료와 제품을 수출하고 수입하기 위해 교통기관이 발달하게 되었으며, 그 파급효과는 여러 산업을 발전시키게 만든 것이다.

산업화는 도시의 자본가 계급에게 물질적인 풍요를 가져다주었다. 그러나 그것은 노동자의 희생을 배경으로 한 것이다. 기계화는 노동자의 일자리를 잃게 만들었고, 자본가의 부를 축적하기 위해 노동자들은 낮은 임금과 나쁜 작업 환경 속에서 장시간 일을 해야만 했다. 그리고 이들의 어려움을 정부는 '경제문제는 시장에서 해결한다.'는 논리로 노동자의 열악한 현실을 외면하고 말았다.

노동자들은 살기 위해 똘똘 뭉쳐야만 했다. 강요된 희생은 노동자의 단결에 촉진제가 되었다. 그들은 착취와 억압 속에서 스스로 자신들의 권익을 찾고 노동 조건을 개선하기 위해 노동조합을 결성하기 시작했다. 영국에서는 1834년 전국노동조합대연합이 만들어졌고, 노동자의 지위 향상을 위해 집회를 하고 투쟁을 했으며, 차티스트 운동을 통해 서서히 선거권을 확대시켰고, 노동당의 당원들을 의회에 진출시키며 세력을 키워 나갔다.

인간답게 살고 싶다!
노동당의 승리

영국은 제2차세계대전이 일어나기 전까지 세계 제1위의 경제 강국이었다. 물론 그것은 식민지를 중심으로 한 경제 기반이었다. 제2차세계대전을 이끌었던 보수당의 처칠Winston Leonard Spencer Churchill은 전쟁에서 승리하기 위해 정치적으로 안정된 기반이 필요했다. 그래서 노동당과 연합하여 제2차세계대전을 이끌어 나갔던 것이다. 이제 전쟁은 거의 승리의 막바지로 접어들었다. 사실상 영국을 중심으로 한 연합군의 승리로 결론이 날 정도였다. 처칠은 전쟁의 승리를 위해 자신이 소속된 보수당과 노동당을 연합해 거국적인 내각을 수립했고 그것을 기반으로 전쟁을 진두지휘하고 있었던 것이다. 그러나 이제 전쟁이 끝나면 노동당을 제외시키고 자신이 속한 보수당이 집권하여 단독으로 내각을 운영하고 싶었다. 그러던 중 노동당이 먼저 단독 내각을 세울 것을 주장하며 총선거 준비를 발표했다. 이에 뒤질세라 처칠도 단독으로 정권을 수립하겠다고 발표했다.

처칠은 1945년 7월 총선거에서 노동당을 제치고 보수당만의 단독 정권을 수립할 것이라는 자신감에 부풀어 있었다. 그 누구도 전쟁 영웅이었던 처칠이 이끄는 보수당이 총선에서 패배할 것이라고는 상상도 하지 않았다. 그러나 총선거는 대반전의 드라마를 보여 주었다. 노동당이 보수당을 누르고 총선에서 이긴 것이다. 처칠과 보수당은 전쟁의 승리감도 잠깐 영국의 정치에서 한 발 물러설 수밖에 없었다.

영국의 국민들은 전쟁의 위험에서는 자신들의 안전을 위해 보수당과 노동당의 연합 내각을 진두지휘한 처칠을 지지했지만, 전쟁이 끝나가는 시점에서는 더 행복하고 인간답게 살 수 있는, 삶의 질을 높여 줄 사회를 요구했던 것이다. 그것은 노동당이 제시한 사회보장제도와 일치하는 정책이기도 했다. 그래서 국민들은 처칠의 보수당이 아닌 노동당을 선택했던 것이다.

정권을 차지한 노동당은 그들이 꿈꾸고 계획했던 정책들을 하나씩 펼쳐 나갔다. 사회보장제도를 실시하기 위해 1942년에 작성된 '베버리지 보고서Beveridge Report'를 실행에 옮긴 것이다. 베버리지 보고서는 영국의 장관이었던 베버리지William Henry Beveridge가 사회보장에 관한 문제를 조사한 보고서다. 이 보고서에는 인간다운 삶을 위해 국가는 결핍want, 질병disease, 불결squalor, 무지ignorance, 나태idleness를 '5대 악'으로 규정하여 이를 국가가 책임지고 해결해야 한다고 지적하였다. 또한 '요람에서 무덤까지'라는 슬로건을 내걸고 국가는 국민들의 생활을 보장해야 한다는 복지의 범위까지 확대한 '복지국가'의 이념을 제시했다. 영국의 베버리지 보고서 및 노동당의 사회복지정책은 다른 자본주의 국가들에게 상당히 신선한 충격을 안겨 주었다. 자본주의의 선두주자였던 영국이 이제는 사회보장제도와 함께 복지국가로 탈바꿈하게 된 것이다.

이후 영국은 보수당으로 정권이 교체되었지만 노동당의 여러 정책들을 버리지 않고 그대로 이었다. 왜냐하면 사회보장과 복지정책은 국

베버리지와 베버리지 보고서.

민 대다수의 요구였으므로 정권과 상관없이 정책의 방향을 유지한 것이다. 오히려 영국의 보수당은 노동당의 여러 정책들을 계승하고 발전시켜 나갔다. 그 결과 사회복지정책은 점점 더 확대되었고, 노동조합의 활발한 활동으로 열악한 노동 조건도 개선되었다. 영국 노동조합의 조합원들은 더 많이 늘어났고, 유럽 및 미국 등 모든 나라들의 사회보장정책과 복지국가의 모델이 되었다.

그 후 다시 노동당이 집권하면서 영국은 실업자 없는 세상을 만들기 위해 완전고용정책을 목표로 삼았다. 철강, 광업, 철도, 통신 등 주요 산업을 국유화했고, 거의 모든 분야에 걸쳐 사회복지정책의 혜택이 퍼졌다.

그러던 1970년대, 갑자기 세계 경제는 침체되기 시작했다. 경기침체의 가장 주요인은 1973년 중동지방의 산유국들이 석유를 정치적 수단으로 이용해 석유 가격을 대폭적으로 올린 석유파동Oil Shock이었다. 석유 가격이 엄청나게 오르자 인플레이션이 발생했고 세계는 스태그플레이션Stagflation 시대를 맞게 되었다. 스태그플레이션이란 경기침체 속에서도 오히려 물가가 오르는 현상으로 침체를 의미하는 '스태그네이

\# 석유파동.

션stagnation'과 물가상승을 의미하는 '인플레이션inflation'의 합성어다. 영국도 세계 경제의 흐름에서 벗어날 수 없었다. 결국 영국은 1976년 IMF의 금융 지원을 받는 상황에까지 놓이게 됐다.

보수당은 경제 침체를 해결하지 못하는 노동당의 무능과 강력한 노조에 그 원인이 있음을 강조하면서 국민들의 불만을 등에 업고 정권을 교체하는 데 성공했다. 그리고 1979년 영국 최초의 여성 총리로 마거릿 대처가 집권을 하게 된 것이다. 대처는 어둡기만 한 영국의 경제를 회생시키기 위해 영국의 수정자본주의를 대대적으로 손질할 필요성을 느꼈다. 그리고 지금의 상태를 소위 말하는 '영국병'으로 규정하였다.

'영국병'은 과연 존재했을까?

영국병은 영국의 노동자들은 비능률적이고 생산성이 떨어지며 국가에 대한 의존도가 높은 것을 비유한 용어다. 복지정책 때문에 국민들이 국가만 믿고 자립심이 사라졌으며 일하기보다 혜택만 받으려는 만성적인 태만이 나타났다고 본 것이다. 그리고 과도한 사회복지정책과 지나친 국유화로 인해 영국의 재정은 바닥이 났으며 이것이 바로 만성적인 영국병이라고 본 것이다.

그러나 일부에서는 영국병이라는 것이 과연 존재했는지 의문을 제기하기도 한다. 그들은 영국병은 신자유주의를 옹호하고 추구하는 자

마거릿 대처 총리.

들이 인위적으로 만들어 낸 것에 불과하다고 주장했다. 영국은 1973년부터 1979년까지 연평균 경제성장률이 2.3퍼센트에 그쳤는데 대처의 재임기간 평균 경제성장률도 이와 비슷해 그녀의 신자유주의정책이 영국 경제를 성장시켰는지 의문을 제기했다. 단지 그녀의 재임기간이었던 1980년대는 세계적인 경제호황을 누렸던 시기였으며, 영국 경제는 그녀가 펼친 신자유주의 경제정책 덕분이 아니라 금융산업의 발전과 세계적인 경제호황 덕분에 성장한 것이라 주장했다.

경제 선생님,
스크린에
풍덩!

대처는 영국의 1인당 GDP 순위가 계속 떨어지는 원인을 비효율적인 산업구조 때문으로 보고 구조조정이라는 칼을 대지 않으면 수습할 수 없음을 강조했다. 그래서 노동조합은 그녀의 신자유주의정책에 대해 강력히 반대에 나서게 된 것이다.

1970년대 발생한 오일쇼크는 상대적으로 석탄산업의 이익을 가져오게 되었다. 석유의 가격이 턱없이 오르자 사람들은 석유 대신 석탄을 이용했고, 침체되기 시작하던 석탄산업이 다시 활성화되면서 영국석탄 노동조합의 힘도 강력해졌다. 이들은 구조조정의 칼을 빼 든 대처에 대해 노골적으로 불만을 표출했다. 노동조합을 달래 가면서 경제를 회생시킨다는 것은 대처에게는 실로 두 마리 토끼를 잡는 것처럼 어려웠다. 그런데 뜻밖의 행운이 찾아왔다. 바로 1982년 포클랜드 전쟁이었다. 포클랜드라는 작은 섬을 두고 아르헨티나와 전쟁이 시작된 것이다. 질 것만 같았던 전쟁이 영국의 승리로 끝나면서 대처의 인기는 하늘 높이 치솟았다. 또한 영국의 북해 유전이 엄청난 수익을 가져오면서 영국을 산유국으로 만들어 어둡기만 했던 영국의 경제에 희망의 불을 다시 피우게 한 것이다.

'철의 여인' 대처의 강력한 신자유주의 처방

마거릿 대처가 구체적으로 무엇을 했는지까지는 잘 모른다 해도 그녀의 이름은 한 번쯤 들어봤을 것이다. 그만큼 대처는 영국 최초의 여성 총리로서 쓰러져 가는 영국의 경제를 획기적으로 끌어올린 정치인으로 널리 알려졌다. 그래서 그녀를 '철鐵의 여인'이라는 애칭으로 부르기까지 한다. 그리고 그녀의 경제개혁정책을 '대처리즘Thatcherism'이라 칭하면서 경제 전반에 걸친 신자유주의 사상을 대변하는 용어로 사용하고 있다.

대처는 영국의 경제 침체 상황을 '영국병'으로 규정하였고 그것을 치유하기 위해 '저비용-고효율'의 경제구조로 바꿔야 됨을 강조했다. 그리고 구조조정을 위해 대대적인 경제개혁에 착수했다. 그 과정에서 나타난 것이 바로 영화의 배경이 된 영국석탄노동조합의 희생이다.

1980년대에 들어서면서 세계는 제조업 중심에서 서비스업 중심으로 변화되기 시작했다. 이제는 석탄보다 석유를 더 많이 사용하게 되었고, 석탄의 수요는 점차적으로 줄어들게 되었다. 결국 자연스럽게 석탄산업은 사양산업으로 전락하고 말았다. 영국의 탄광도 그 수가 현저히 줄어들게 되었다. 그 당시 영국의 주요 산업은 국유화되어 있어서 국가가 운영하는 공기업의 성격을 띠고 있었다. 이에 대처는 사양산업을 없애고 유망산업을 발전시키는 구조조정을 단행할 결심을 하고 있었다. 때마침 포클랜드 전쟁을 승리로 이끌면서 대중의 인기를 한 몸에 받은 대처는 1984년 봄, 국가가 운영하면서 경쟁력이 떨어진 탄광을 강제로 폐쇄시켰다. 전국석탄노조는 즉각 저항했고 파업으로 정부와 맞서게 된 것이다. 빌리의 아버지와 형이 바로 이 파업의 중심에 서 있었던 것이다.

영화 속으로 다시 들어가 보자. 빌리는 발레를 배우기 위해 숨겨 놓았던 발레슈즈를 가지고 체육관으로 향한다. 계단을 내려올 때 어디선가 들리는 뉴스. 그저 배경 소리로 지나칠 수 있는 이 소리에 주목할 필요가 있다.

"대처 총리는 현재 파업 중인 전국석탄노동조합원들을 '내부의 적'으로 언급했습니다."

전국석탄노조는 대처 총리와 첨예하게 대립하고 있었다. 대처 역시 쓰러져 가는 영국 경제를 살리기 위한 특단의 정책을 따르지 않는 전국석탄노조를 '내부의 적'으로 언급하고 없애 버릴 존재로 보았다.

대처는 강력한 신자유주의정책을 실행에 옮겼다. 대처가 집권하는 동안 공기업에 해당하는 통신, 수도, 전기, 가스, 석탄, 철강, 항공, 자동차 등이 모두 민영화(국가가 지금까지 운영해 온 분야를 민간에게 위탁하는 것)되었다. 정부의 재정 부담을 줄이고, 효율성을 최대한 끌어올리기 위한

경제 선생님,
스크린에
풍덩!

특단의 조치였다. 재정지출도 삭감하는 등 긴축재정을 실시했다. 노동조합의 활동 역시 강력히 규제했고 파업에 대해서도 단호하게 대처했던 것이다. 영국에서 가장 강력했던 석탄노조의 요구와 장기간의 파업에도 불구하고 어떠한 흔들림 없이 그녀는 자신의 정책을 계속 이어 나갔다. 그래서 그녀를 '철의 여인'이라고 부르기 시작한 것이다.

평생을 시골 탄광촌에서 대를 이어 가며 광부로 일해 온 빌리의 아버지와 그의 형, 그리고 석탄노동자들 모두는 대처의 신자유주의정책을 온몸으로 막기 위해 투쟁한다. 비효율적인 탄광을 폐쇄하려는 대처의 움직임에 생계에 대한 불안을 느낀 노동자들은 결국 대규모 파업을 벌였다. 어떻게 보면 살기 위한 투쟁이었던 것이다.

파업은 장기화되었고, 노조는 서서히 약해지기 시작했다. 처음에 노조는 자신들이 승리하고 대처는 노조의 의견을 반영할 수밖에 없을 거라 여겼다. 그러나 치밀하게 준비된 대처를 상대로 파업은 길어져만 갔고 그만큼 임금을 받지 못한 날이 이어져 생활은 점점 더 어려워졌다. 서서히 생계유지를 위해 파업에서 이탈하는 사람들이 늘어났다. 빌리의 아버지 역시 다시 일터로 나갔다. 대처는 여러 가지 경제적 유인책을 제시하였으며, 파업을 하는 노동조합에 대해서는 강력하게 경찰력을 동원하여 대응했다. 결국 1985년 3월, 전국석탄노조의 1년여에 걸친 파업은 대처와 정부에 무릎을 꿇고 패배로 끝났다. 패배한 노동조합은 이제 대처의 숙청 대상이 되었다. 노조 지도자들은 모두 파업의 대가를 치러야 했다. 파업으로 인해 발생한 손실을 그들이 모두 책임지고 구속되거나, 해고되고 만 것이다. 지도자를 잃은 노동조합은 허수아비에 불과한 조직으로 전락했다.

전국석탄노조의 파업 포스터.

경제 선생님,
스크린에
풍덩!

빌리가 노조원과 경찰이 첨예하게 대립하는
현장을 지나고 있다.

대처는 이제 노조의 눈치를 보지 않고도 자신의 정책을 추진할 수 있게 되었다. 대처는 모든 분야에서 민영화를 완성시키며 작은 정부를 실현하는 신자유주의정책을 본격적으로 추진해 나갔다.

신사의 나라?
세계에서 가장 양극화가 심한 나라!

대처의 신자유주의정책 뒤에는 여러 부분에서 많은 희생이 뒤따른 것이 사실이다. 친기업적인 정책으로 인해 사회복지는 후퇴하게 되었고, 빈부격차는 더욱 심해져서 가진 자와 그렇지 못한 자 사이의 갈등이 더 악화되었으며 영국은 이제 돈이면 뭐든 되는 세상으로 바뀌었다. 전통적으로 노동을 중시하던 제조업 중심의 국가에서 이윤과 경쟁, 효율성만을 추구하는 금융산업 국가로 탈바꿈하면서 상대적으로 제조업은 후퇴하게 되었다. 그리고 제조업에 종사했던 사람들은 모두 실업자로 전락하고 말았다.

결국 얼마 못 가 신자유주의의 한계가 여실히 드러났다. 빈곤율도 급증했다. 그래서 대처가 집권하던 이 시기에 자란 어린이들을 '대처세대'라고 부른다. 빌리 엘리어트 역시 대처세대다. 이들은 대처가 집권하던 시기에 교육을 받은 세대로 정치에 대해 무관심하고 가난한 현실을 비관하며 흡연과 알코올 중독에 빠지고, 불확실한 미래에 대한 두려움으로 인해 소극적인 자세를 지니고 있다. 또 어려운 환경 속에서 자라

빌리 엘리어트
영국
탄광촌에서 핀
신자유주의

나며 부모의 이혼으로 인해 가족해체를 경험했고, 지독히 개인주의적인 태도를 지니고 있다.

이제 영국은 상대방을 배려하고 양보하던 '신사의 나라'라는 표현이 무색할 만큼 물질만을 추구하며, 돈이 가장 아름다운 미덕이 되었다. 끊임없는 경쟁 속에서 개인주의와 이기주의로 무장한 사람들과 그러한 경쟁에서 도태되어 패배감과 불만에 사로잡힌 자들로 양분된 사회가 된 것이다.

2013년 4월 8일 대처가 사망하던 날, 일부는 영국 경제를 살린 위대한 정치가의 죽음을 애도했지만 한편에서는 대처의 죽음을 축하하는 사람들도 있었다. 심지어 작은 정부를 지향하고 민영화를 추구했던 대처의 장례식에 엄청난 국고를 써서 되겠느냐며 대처의 바람대로 국고를 쓰지 않고 정부는 개입하지 않으면서 장례식도 민간의 자율에 맡기자며 분노하는 사람까지 있었다.

영국과 나란히 신자유주의 노선을 걸었던 미국은 로널드 레이건Ronald Reagan 대통령이 취임하면서 정부의 규제완화, 세금감면, 노동시장의 유연화 등을 추진했는데 이것을 흔히 '레이거노믹스Reaganomics'라고 부른다. 그러나 이러한 정책은 기업과 부유층에게는 큰 이익을 가져다주었지만 결과적으로 빈부 격차를 심화시켜 갈등만 확대시켰다. 결국 신자유주의는 이 두 나라를 세계에서 가장 양극화가 심한 나라로 전락시켰다.

또한 자유로운 시장에서의 경쟁은 품질의 개선과 효율성을 가져다줄 것이라 생각했는데 오히려 기업들은 독점 구조로 변질되어 상품 가격 인상만을 초래하였다. 또한 강력한 노동조합의 탄압은 노조의 해체를 초래했고, 결국 유명무실한 노조는 노동자들의 근로조건 개선에 어떠한 도움도 주지 못하는 조직으로 전락하였다. 노동의 불안정으로 인해 삶의 질이 오히려 떨어지게 되었고, 빈부 격차는 더욱 심해져서 소외된 일부 계층의 문제가 더욱 심각해져서 사회문제가 되어 버리는 현상이 나타나게 된 것이다.

영국과 미국처럼 우리나라에서도 신자유주의 바람이 불어닥쳤다. 질풍처럼 성장하던 한국 경제도 1997년에 이르러 영국처럼 위기에 봉착하고 말았다. 근본적으로 외화 부족 사태로 인해 발생한 IMF 외환위기는 국제통화기금으로부터 돈을 빌려 경제위기를 해결했지만, 신자유주의정책을 무조건 받아들여야 하는 상황에 놓이게 되었다. 자금지원을 대가로 보호무역을 철폐하고 무역을 개방하였으며, 자본시장을 자유화했다. 부실한 금융기관은 정리되었고 사양산업을 없애는 초강도 구조조정도 실시되었다. 그러한 과정에서 노동조합의 희생은 불가피해

199

빌리 엘리어트
영국
탄광촌에서 핀
신자유주의

\# 대처의 죽음을 축하하는 영국인들이 한 자리에 모여
축포를 터뜨리고 있다.

졌고, 사회복지도 후퇴할 수밖에 없었다.

　영국에 비하면 우리 경제는 그 후유증이 훨씬 심각했다. 왜냐하면 우리나라는 영국과 달리 이제 막 복지정책을 시작한 나라였으며, 노동조합의 힘도 강하지 않은 상태였고, 경제적 성장도 제대로 갖추지 못한 상태이다 보니 분배의 문제는 전혀 생각하지도 못한 부분이 많았다. 다시 말하면 아직 수정자본주의도 정착되지 않아 '영국병'을 경험하지 못한 상황에서 영국병을 치유하는 '신자유주의'라는 처방주사를 맞았다고 생각하면 이해가 쉬울 것이다. 아직 병에 걸리지 않은 사람에게 예방주사도 아닌 처방주사를 맞히면 어떠한 부작용이 발생할지는 누구도 장담하지 못하는 것이다.

모두가 행복한 복지국가는 어떻게 가능할까?

대처가 말하는 신자유주의가 꼭 성공적인 대안이라고 말할 수는 없다. 어떤 학자들은 신자유주의 사상은 1930년대 이전에 나타났던 사상이고 주목받지 못하다가 1970년대 경제 위기가 닥치면서 새로운 대안으로 등장하게 됐을 뿐이라고 주장한다. 수정자본주의 결과 정부의 지나친 개입으로 인해 정부실패 문제가 일어났고 그 해결책으로 등장하게 된 사회 경제적 원리가 신자유주의라는 것이다.

　신자유주의는 2008년 세계금융위기의 원인이기도 하다. 만약 영국이나 미국이 신자유주의 노선을 선택하지 않았다면 금융산업이 많은 비중을 차지하지는 않았을 것이다. 제조업보다 금융산업으로 치우친 경제산업의 비중은 부실한 은행들을 만들기 시작했으며, 엄청난 빚에 허덕이는 개인들을 만들어 냈다. 결국 신자유주의 정책가들은 개인 부채와 거품이 가득한 은행들로 인해 2008년 세계금융위기가 초래되었음을 조용히 인정하고 있다.

영국의 사회학자 앤서니 기든스Anthony Giddens는 신자유주의와 사회 민주주의를 모두 비판하며 '제3의 길'이라는 해결 방안을 제시했다. '제1의 길'은 제2차세계대전 이후 영국을 중심으로 유럽에 확산된 복지국가를 의미하며, '제2의 길'은 대처로 상징되는 고효율성, 민영화 등 신자유주의 노선을 의미한다. 기든스가 말하는 '제3의 길'은 시장의 효율성과 사회적 평등을 합치는 통합의 길을 강조하고 있다.

그는 국가가 모든 문제를 해결해 주는 복지국가의 노선도 반대하지만 극단적 개인주의로 전락해 버린 신자유주의 노선 역시 반대하고 있다. 다시 말하면 경제적 효율성을 추구하면서 사회적 약자를 동시에 보호하자는 입장이다. 어떻게 보면 지금까지 우리가 불가능하다고 생각했던 효율성과 형평성이라는 두 마리의 토끼를 동시에 잡자는 의견을 제시한 것이다. 그의 이러한 노선은 영국의 토니 블레어Anthony Charles Lynton Blair 총리의 정책 노선이 되어 신노동당을 형성하게 했다.

물론 제3의 길을 새로운 해결 방안으로 보기는 어렵다. 제3의 길은 어떻게 보면 좌파와 우파를 그저 섞은 것에 불과하고 좌파로부터도 우파로부터도 지지를 받지 못하는 어정쩡한 정책이 될 소지가 높다. 물론 복지국가의 장점과 신자유주의의 장점을 모두 발휘하는 경제정책을 만들고 추진할 수 있다면 가장 이상적인 형태가 될 수 있다. 하지만 반대로 복지국가의 문제점과 신자유주의의 문제점만 발현된다면 이것은 가장 우려하는 형태가 될 수 있음도 간과해서는 안 될 것이다. 그리고 분명한 것은 우리 경제는 아직 선진국 수준으로 오르지 못했다는 점이다. 또한 선진국처럼 많은 부분을 복지에 투입한 적도 없다. 충분한 복지를 누리지 못했다는 것이다. 어느 정도 경제성장은 필수적인 부분이다. 그렇다고 해서 복지를 포기하고 성장만 추구하는 것은 옳지 않다. 선진국의 영국병이니 복지병이니 하는 말에 지레 겁을 먹고 복지를 포기하는 것은 어리석은 일이다.

경제는 우리가 행복하게 사는 수단이요, 삶의 질이 높은 사회를 만들기 위한 도구다. 그래서 복지국가의 꿈을 놓지 않되 효율성과 형평성이라는 두 가지 경제문제를 잘 해결할 수 있는 대안을 모색하고 수정하는 노력이 필요하다.

경제 선생님,
스크린에
풍덩!

영국의 교통전문기자 출신인 크리스천 월마는 영국의 철도 민영화 정책은 실패한 정책이라면서 한국의 철도 민영화 정책은 영국과 똑같은 실수를 반복하고 있다고 지적했다.

영국의 보수당 정부는 철도 공기업에 대한 보조금을 줄이기 위해 민영화를 추진했고 그 일환으로 먼저 공기업을 분할하여 민간에 매각했다고 한다. 그 결과 철도산업 구조가 복잡해지고 이 구조를 유지하기 위해 보조금은 더 늘어나게 되었다. 그리고 그 결과는 고스란히 소비자가 떠안게 됐다. 현재 영국의 철도는 요금인상과 안전 문제가 도마 위에 올랐다.

한국의 철도 역시 공기업으로 운영하면서 덩치가 커졌고, 이제 KTX를 분할하여 민간에 맡기는 체제로 진행되었다. 물론 민간이 운영하여 효율성을 끌어올릴 수도 있지만 만약 효율성이 오르지 않고 이익이 발생하지 않는다면 어떻게 될까? 최근 수서발 KTX 면허를 발급하면서 운영을 하게 되었는데 지금 당장은 수서발 노선이 가장 많이 이익이 나지만 장기적으로 봤을 때 큰 수익이 나지 않는다면 어떻게 될까?

결국 국가의 보조금으로 운영이 될 것이고, 우리 또한 복잡한 철도 구조를 갖게 되며, 그 보조금과 손해는 고스란히 소비자가 떠안게 될 것이다.

공공재는 이윤을 추구하는 것이 아니다. 경제학의 초심으로 돌아가 경제의 주체를 생각해 보자. 가계는 소비의 주체, 기업은 생산의 주체, 정부는 경제정책의 주체다. 가계는 효용을 극대화하기 위해 소비를 하며, 기업은 이윤을 극대화하기 위해 생산을 하며, 정부는 사회적 후생을 극대화하기 위해 경제정책을 펼치는 것이다. 정부는 이윤을 추구하는 기업이 아니라는 것이다. 정부가 운영하는 공기업은 공공재를 생산하여 사회적 후생을 극대화한다는 초심을 잃지 말아야 한다.

빌리 엘리어트
영국
탄광촌에서 핀
신자유주의

민영화 후 요금 폭등과 안전 문제로
다시 국유화 논의가 일고 있는 영국 철도.

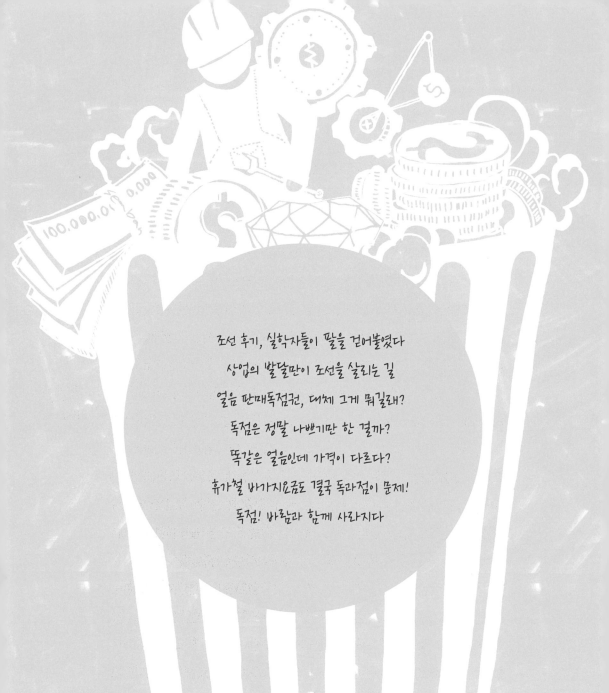

조선 후기, 실학자들이 팔을 걷어붙였다

상업의 발달만이 조선을 살리는 길

얼음 판매독점권, 대체 그게 뭐길래?

독점은 정말 나쁘기만 한 걸까?

똑같은 얼음인데 가격이 다르다?

휴가철 바가지요금도 결국 독과점이 문제!

독점! 바람과 함께 사라지다

여덟 번째 영화
바람과 함께
사라지다

독점기업은 과연
사라질 수 있을까?

\ 바람과 함께 사라지다

\ 김주호 감독

\ 121분

\ 2012년작

조선 후기,
실학자들이 팔을 걷어붙였다

207

바람과 함께
사라지다
독점기업은
과연 사라질 수
있을까?

영화 〈바람과 함께 사라지다〉는 얼음을 둘러싼 조선시대 권력자들의 부패와 이에 대한 주인공들의 저항을 코믹하게 그려 냈다.

주인공 이덕무는 어릴 때부터 매우 총명했지만 우의정의 서자였기에 벼슬에 나서지 못한 채, 양 씨라는 아저씨가 서역에서 가져오는 책들을 보며 사고파는 일을 하였다. 또 다른 주인공 백동수는 조선 제일의 무사로 서빙고(조선시대 얼음을 보존하던 관아)의 별관직을 맡아 철두철미하게 일을 수행하는 올곧은 관리였다.

좌의정은 권력을 이용해 백성들을 동원하여 개인적으로 얼음을 채취하는 등 부패를 일삼는 사람이었는데, 덕무의 아버지 우의정은 그러한 좌의정에 반대하고 백성들 편에 섰다. 그래서 좌의정은 우의정을 제거하고 싶었다. 얼음을 이용해 부를 축적하던 좌의정에게는 서빙고를 원리원칙대로 지키는 백동수도 골칫거리였다. 그러던 중 우의정과 백동수를 한 방에 없애는 묘안을 생각해 냈다. 좌의정은 우의정의 서자 덕무를 '세손을 음해하려는 불온서적을 가졌다'는 누명을 씌워 옥에 가두었고, 결국 아버지 우의정이 귀향을 가는 조건으로 덕무를 풀어 주었다. 한편, 백동수도 좌의정 일당의 계략으로 많은 인부들이 얼음이 깨진 강에 빠져 죽게 되면서 옥에 갇히는 신세가 되었다. 덕무는 이 모든 사건이 좌의정의 계략이라는 것을 알게 되었고, 복수를 하기 위해 좌의정의 계략에 억울하게 당한 백동수를 찾아간다. 덕무와 동수는 여러 사람들과 힘을 합쳐 동분서주하면서 좌의정의 부패를 해결한다.

우리는 이 영화 속에서 두 가지 경제학 내용을 살펴볼 것이다. 하나는 영화의 배경인 조선 후기 실학사상이 조선의 경제에 어떠한 영향을 미쳤는지고, 또 하나는 좌의정과 결탁해 부를 축적하는 조영철과 장빙업자들이 정부로부터 어떻게 독점권을 얻고 부정부패를 일삼았는지다.

영화의 배경은 영조英祖가 죽고 정조正祖가 즉위하던 시절이다. 영화의 주인공 이덕무와 백동수는 모두 실존인물이다. 영화의 상당 부분들은 상상력을 동원한 허구에 가깝지만, 당시 시대배경만은 역사적으로 세심하게 고증한 부분이 많다. 실제 역사에서도 이덕무와 백동수는 처남·매부지간이었다.

이덕무는 박학다식하고 '책에 미친 바보'라는 별칭을 얻은, 조선 후기의 대표적 중상학파 실학자다. 영화 속에서도 이러한 덕무의 모습을 표현하기 위해 사계절 내내 책 속에 파묻혀 지내는 덕무의 모습을 보여 준다. 덕무는 영화에서처럼 실제로 그림도 잘 그리고 천재적인 지략가였으며 시에도 능통하여 중국의 시집에 이덕무의 글이 실릴 정도로 유명했다고 한다.

17세기 후반 임진왜란과 병자호란을 겪은 뒤 조선의 일부 학자들은 현실 사회의 어려움을 해결할 수 있는 새로운 학문을 추구하기 시작했다. 그것이 바로 '실학實學'이다. 실학을 연구한 학자들 대부분은 중앙 정치에서 소외되어 몰락한 양반계층이었고, 그 내용은 정치, 경제, 역사, 지리, 자연과학 등 다양한 분야에 걸쳐 나타났다. 18세기에 들어서면서 실학은 더욱 발전하게 되었는데 크게 중농학파와 중상학파로 나뉘었다. 중농학파는 다양한 방법의 토지개혁을 제시하는 등 주로 농업 문제를 해결하기 위해 노력한 실학자들로 유형원, 이익, 정약용 등이 여기 해당한다. 반면 중상학파는 먼저 상공업을 발달시켜야 한다는 점을 강조한 학자들로서 유수원, 홍대용, 박지원, 박제가 등이 대표적이다. 이덕무도 중상학파에 속했으며 실제로 유수원, 홍대용, 박지원, 박제가와 친분이 있었고 학문적으로 교류도 많이 했다고 한다.

중상학파는 청나라와 왕래하면서 청의 수준 높은 문물을 실제로 보고 듣고 느끼면서 청의 학문과 제도, 문화, 문물을 적극적으로 수용

209

바람과 함께
사라지다
독점기업은
과연 사라질 수
있을까?

\# 대표적인 중상학파 학자, 박지원을 기리는 연암물레방아 공원.

하자고 주장했기 때문에 '북학파'라고도 했다. 특히 농업에만 치우쳐 있는 조선의 경제 상황에서 상공업 발달을 통한 부국강병을 주장한 점은 신선하다. 상공업의 발달, 기술혁신, 상품의 유통을 위한 교통수단 발달 등 이들의 주장은 훗날 개화사상(서구 문명을 능동적으로 수용하여 조선 사회를 개혁하자는 정치사상)으로 발전하는 계기가 되었다.

실학에서 특히 강조한 것은 '경세치용經世致用', '이용후생利用厚生', '실사구시實事求是'였다. 경세치용은 학문의 실용성을 강조하는 것이며, 이용후생은 기존의 유학인 성리학을 비판하고 상공업의 육성과 기술혁신, 해외무역 등을 중요시하는 북학파의 주요 이념이다. 실사구시는 사실에 입각하여 진실을 추구하려는 학문적 경향을 의미한다. 조선 후기의 실학은 이렇게 실용성과 경제의 중요성을 강조했다.

상업의 발달만이 조선을 살리는 길

그러면 조선 후기의 경제는 어느 정도 발전했을까? 영화를 통해 조선 후기의 경제 상황을 살펴보자.

영화 속에 등장하는 또 다른 인물 장객주는 덕무와 동수가 좌의정을 몰아내기 위한 서빙고 얼음 탈환 계략을 듣고 난색을 표한다. 하지만 끝내 서빙고 얼음을 터는 작전에 필요한 모든 경비를 빌려 주고 얼음을 자기 빙고에 보관해 주기로 합의한다. 사실 장객주도 좌의정 측에 불만이 많았기 때문이다.

여기서 흥미로운 것은 객주인 장 씨가 좌의정이나 장빙업자 조영철에게 왜 괴롭힘을 당했을까? 하는 것이다. 조선시대 객주는 많은 돈을 빌려 줄 만큼 경제력이 있었고, 국가가 운영하는 서빙고 안의 얼음을 모두 보관할 수 있을 만큼 큰 얼음 창고를 갖고 있었던 걸까?

장객주를 설득하는 영화 속 장면을 보면 장객주는 한양에서도 상당히 큰 장사꾼이라는 것을 알 수 있다. 실제로 조선은 왜란과 호란 두 전쟁을 겪은 후 어느 정도 안정을 찾으면서 농업, 상업, 수공업, 광업 등에서 상당한 발전을 이루고 있었다. 특히, 대규모 자본을 바탕으로 이윤을 극대화하기 위해 상인들은 조직을 만들었다. 이 조직을 '도고都賈'라고 불렀는데, 특히 도고는 값이 오르기 전 물건을 한꺼번에 사 두는 매점매석買占賣惜을 이용해 이윤을 극대화하는 방법을 사용하기도 했다. 또한 포구 등에서 상품을 위탁받고 팔아 주거나 창고업, 금융업, 여관업을 하는 객주도 성장하게 되었다. 장객주도 객주로서 물건을 판매하며 창고업, 금융업, 여관업 등을 통해 많은 돈을 축적했을 것이다.

18세기 말에는 장객주와 같은 상인들이 돈을 축적하여 서서히 한양으로 진입하기 시작했다. 한양의 상인들은 '시전市廛'이라고 불리었으며, 정부의 허가를 받아 특정 상품을 독점하여 판매할 수 있었다. 그리고 시전상인들은 정부의 허가를 받지 않은 상인들의 상행위(난전이라고 함)에 대해 금지를 시킬 수 있는 권리를 가지고 있었다. 이것을 '금난전권禁亂廛權'이라고 한다. 아마도 조영철은 시전상인이고, 장객주는 난전상인이었을 것이다. 난전상인들은 거대한 상업 조직망을 통해 부를 축적하였으며, 그 결과 시전상인들의 부를 서서히 위협했던 것이다. 이

211

바람과 함께
사라지다
독점기업은
과연 사라질 수
있을까?

가산풍속화첩에 나오는 객주의 모습.

당시에는 시전상인과 난전상인들 간의 갈등이 많아 시전상인들을 중심으로 하는 시장경제 질서를 다시 세워야 한다는 요구가 빈번했다. 그래서 정부와 결탁한 시전상인 조영철은 자신들의 부를 위해 난전상인인 장객주를 시시때때로 괴롭혔을 것이다.

난전상인들은 정부의 특권과 혜택을 받는 시전상인들과 항상 경쟁해야 했다. 그런데 시전상인들에게 부여된 정부의 특권과 혜택은 오히려 난전상인들이 진취적이고 적극적인 경제 혁신을 할 수 있는 계기를 마련해 주었다. 그들은 한양으로 들어오는 물품을 중간에서 거래하기 위해 창고를 지었고, 거래 고객들의 만족과 편의를 위해 숙박시설을 마련하고 선박, 마차 등을 제공했다.

또한 자금을 융통해야 하는 경우가 많아 금융업을 발전시킬 수 있었다. 장객주가 서빙고의 얼음을 모두 보관할 수 있는 창고를 소유한 것도, 조영철에게 복수를 하려는 이유도, 덕무의 작전에 아낌없이 투자를 할 수 있는 재력을 가지고 있었던 것도 이와 같은 조선 후기의 경제 상황을 배경으로 하고 있는 것이다. 또한 덕무는 양 씨와도 친분이 있었다. 양 씨는 청나라뿐 아니라 이집트 등 서역을 오가면서 서양의 여러 첨단 물품과 의복, 그림 등을 덕무에게 보여 주는 상인이었다.

조선의 국경지대에서는 국가가 운영하는 무역인 공시무역에 해당하는 '개시開市'가 있었다. 개시는 양쪽 국가 간에 서로 협의하여 공식적

조선시대 시전의 모습.

213

바람과 함께
사라지다
독점기업은
과연 사라질 수
있을까?

전국의 물건들이 흘러드는 상업의 중심지, 한강.
한강을 통해 갖가지 물류는 수도 한양으로 운반되었다.

으로 열리는 무역을 의미한다. 그러나 조선 후기에 들어서면서는 '후시 後市'가 활성화되었다. 후시는 개인이 사적으로 청나라 상인들과 거래하는 무역이다. 그들은 금, 은, 인삼 등을 청나라에 수출하고 비단, 문방구, 약재 등을 수입했다. 양 씨도 후시무역의 상인으로서 청나라를 자주 드나들면서 서양의 물품을 덕무에게 보여 준 것이다.

이처럼 조선 후기의 경제는 상업이 발달하여 무역 거래가 활성화되었고, 이로 인해 그전에 쓰임새가 적었던 화폐의 수요도 크게 늘어나 어음을 활용하는 등 화폐경제가 본격적으로 발전하기 시작했다. 포구에서 거상이 된 장객주나 대외무역을 하는 양 씨를 보면 왜 이덕무가 중상학파 실학자가 되었는지, 그리고 왜 중상학파가 상업이야말로 조선의 부국을 가져올 수 있다고 주장했는지 이해할 수 있다.

조선 후기 경제 상황은 유럽의 자본주의 태동 시기와 비슷한 수준에까지 이르렀다. 유럽은 자본의 축적, 풍부한 노동력, 과학기술의 발달과 근면을 강조하는 프로테스탄트 윤리의 확산, 시민혁명 등이 산업화의 배경이 되었다. 조선도 이와 비슷한 산업화 환경이 조성되었다. 거상이 등장하면서 자본이 서서히 축적되었고, 아주 극소수의 상류층에 해당하는 양반계층이 점차적으로 확대되었으며, 중인계층도 늘어나서 천민계층보다 많아졌다. 실학사상의 확산으로 과학기술과 상공업이 발전하게 되었다.

그러나 조선은 서양처럼 산업사회를 만들지는 못했다. 조선도 영국처럼 자생적으로 민간에 의해서 산업화가 추진되어 산업화의 조건을 모두 갖추었지만 이후 세도 정치에 의한 정치적 타락과 부정부패의 심화로, 조선의 경제는 제대로 된 뒷받침을 받지 못한 것이다.

얼음 판매독점권, 대체 그게 뭐길래?

좌의정 조명수는 앞에서 언급한 것처럼 얼음 판매독점권을 위해 백동수에게 누명을 씌워 귀향을 보냈고, 이덕무는 역적으로 몰아 그의 아버지 우의정을 쫓아내는 데 성공했다. 그는 순리대로 자신의 아들 조상진을 서빙고 관리로 임명하고, 장빙업자 조영철을 동원해 정부로부터 얼음 채취·판매에 대한 독점권을 얻도록 했다. 조영철은 정부가 직접 얼음을 캐고 관리하다 보면 사고의 위험도 있고 어려운 일도 많을 거라면서 서빙고 관리권을 넘기면 싼 가격으로 정부에 필요한 얼음을 충분히 공급하겠다는 약속을 했다. 대신 시장에서 다른 상인들이 얼음을 판매하는 것을 막고 자신들만 얼음을 팔 수 있도록 얼음 판매독점권을 달라는 요구를 하게 된다. 얼음 판매독점권, 대체 그게 뭘까? 정부가 조영철에게 부여해 준 독점권에 대해 살펴보도록 하자.

조영철은 얼음 판매독점권을 갖게 되면서 시전상인으로 거듭났다. 시전상인은 한양에서 자신이 판매하는 품목을 다른 상인들이 판매할 수 없도록 막을 수 있는 금난전권을 가졌다고 앞에서 이야기했다. 여기에서 금난전권이 바로 독점권에 해당하는 것이다.

조선시대에는 동빙고와 서빙고를 두고 얼음의 채취·보존·출납 등을 관리하도록 했다. 동빙고는 나라의 제사를 지낼 때 사용하는 얼음을 보관하는 곳이었다. 반면에 서빙고의 얼음은 궁궐에서 음식을 만들

215

바람과 함께
사라지다
독점기업은
과연 사라질 수
있을까?

때 사용되었고, 관리들한테도 지위에 따라 차등적으로 나눠 주었다. 또한 의료 관련 일을 하던 활인서의 환자, 의금부의 죄수들에게까지 얼음을 나눠 주었다고 한다.

서빙고의 얼음은 13만 4,974정. 그 얼음을 관리들과 생선가게, 고기가게, 활인서, 의금부 죄수 등에게까지 나눠 주기에는 턱없이 부족했다. 그래서 나라에서는 민가에서도 얼음을 판매할 수 있도록 했다. 이것은 당시만 해도 난전을 금지시키지는 않았다는 것을 알게 해 준다. 그래서 출세하지 못한 사대부들이나 돈 많은 상인들이 얼음을 판매해 시장의 수요와 공급의 균형을 유지시키는 역할을 했다. 조영철은 슬슬 욕심이 생겼다. 이 얼음 판매를 독점할 수만 있다면 떼돈을 벌 수 있다고 생각한 것이다. 그래서 독점권을 얻기 위해 우의정과 백동수를 제거한 것이다.

그 후 조영철은 뇌물을 바쳐 정부로부터 얼음 판매독점권을 따낸다. 조영철은 얼음의 가격을 저렴하게 공가(정부에 납품하는 가격)로 납품

조선시대 얼음 채빙작업을 재연하는 석빙고 장빙제.

하겠다고 한다. 그러나 서빙고의 얼음을 사들이는 관리는 좌의정의 아들 조상진이었다. 조상진은 마음대로 공가를 높게 책정하여 얼음을 납품하는 조영철이 막대한 이윤을 얻을 수 있도록 돕는다. 조영철은 시중에 판매하는 시가도 마찬가지로 높게 책정해 많은 이윤을 얻었다. 물론 그는 좌의정 일당에게 이윤의 일부를 뇌물로 바친다. 거기에다가 서빙고에서 나가는 얼음도 사사롭게 빼돌려서 엄청난 부를 축적하였다.

독점은 시장에서 상품을 단독으로 공급·판매하는 형태를 말하며 그러한 기업을 독점기업이라고 한다. 단독으로 공급하기 때문에 공급량을 마음대로 결정하여 시장의 가격을 좌지우지할 수 있다. 그렇다고 독점기업이 턱없이 높은 가격, 그러니까 소비자가 상상할 수 없을 정도의 가격을 책정하지는 않는다. 가격이 너무 높으면 소비자는 그 상품을 포기할 수밖에 없기 때문이다. 독점기업은 어느 정도 이윤을 얻을 수 있는 점까지 교묘히 가격을 올린다.

이러한 독점은 특히 소비자가 꼭 필요하다고 생각하는 필수품에서 자주 발생한다. 필수품이 아닌 경우 어느 한 기업이 독점을 했다 해도 꼭 필요한 상품이 아니므로 사지 않으면 그만이기 때문이다. 그리고 대체재가 존재한다면 그 상품은 독점하기 어렵다. 대체재란 쓰임과 용도가 비슷해 대신 사용할 수 있는 재화를 말한다. 예를 들어 커피와 홍차, 볼펜과 연필 등은 대체제 관계에 있다. 만약 커피 가격이 오른다면 소비자들은 커피의 소비를 줄이고 이를 대신할 수 있는 홍차를 마시게 된다. 한 재화의 가격이 상승하면 소비자는 그 재화의 수요를 줄이고 대신 같은 효용을 얻을 수 있는 대체재의 수요를 증가시키게 되는 것이다. 따라서 대체재가 존재한다면 독점의 효력은 없는 것이다.

217

바람과 함께
사라지다
독점기업은
과연 사라질 수
있을까?

서울 용산구 서빙고동에 위치한 서빙고.

영화의 소재인 얼음은 조선시대의 독점을 설명하는 데 적합한 예다. 조선시대에는 얼음을 대신할 수 있는 대체재가 없었기 때문이다. 만약 비단이나 돼지고기 같은 상품을 독점했다면 비단 대신 무명을, 돼지고기 대신 닭고기를 이용하면 그만이기 때문이다.

조영철은 정부로부터 얼음 판매독점권을 얻어 시장가격을 결정했다. 어떻게 조영철 혼자 시장가격을 결정할 수 있었을까? 그 과정을 살펴보도록 하자.

독점기업은 시장에서 유일하게 상품을 공급하는 곳이다. 그러므로 시장가격을 올리기 위해 상품의 공급을 줄이는 것이다. 그렇게 되면 공급보다 수요가 많아 초과수요가 발생하고 더 비싼 가격으로 상품이 거래되는 것이다. 조영철도 독점권을 얻은 후 시장에 얼음 판매량을 줄였을 것이다. 이것은 소비자들이 상품을 제대로 공급받지 못하였고, 자원이 비효율적으로 배분되고 있다는 것을 의미한다. 이러한 상황에서 조

\# 대체재 관계에 있는 홍차나 커피.

바람과 함께
사라지다
독점기업은
과연 사라질 수
있을까?

\# 뇌물로 유지되는 독점은 사회적 비용의 낭비다.

영철은 당연히 얼음 판매를 위한 서비스나 품질 개선에 대해서는 고민하지 않을 것이다. 결국 얼음의 품질 또한 저하된다는 것이다.

덕무는 "지금 한양에서는 웬만한 권세가가 아니면 얼음을 구경하기 힘든 세상이야."라고 말했다. 이것은 조영철이 얼음 가격을 올리기 위해 판매량을 줄였다는 것을 증명하는 부분이기도 하다. 독점가격은 시장가격보다 높다. 당연히 소비자는 시장가격보다 높은 독점가격에 불만이 생길 것이며 이는 효율적인 자원배분이라 보기 어렵다. 가장 효율적인 자원배분은 시장가격이기 때문이다.

그렇다면 생산자 입장에서는 어떨까? 생산자는 최대 이윤을 얻을 수 있는 독점가격이 계속 유지되기를 원할 것이다. 그러나 이건 사회 전체적으로 본다면 손해, 즉 비효율적인 일이다. 조영철은 이윤의 일부를 독점 유지를 위한 뇌물에 사용해야 하며, 다른 경쟁업체가 시장에 진입하는 걸 막기 위해 추가비용까지 들여야 한다. 이 비용이 생산에 필요한 비용을 능가하면 손실이 매우 커진다. 만약 이 비용을 생산 활동에 쓴다면 사회 전체적으로도 효율적일 것이다.

독점은 정말 나쁘기만 한 걸까?

그렇다면 독점은 무조건 나쁜 것일까? 독점을 꼭 나쁘다고만 할 수는 없다. 나쁠 수도 있지만 좋을 수도 있기 때문이다. 그러면 나쁜 독점과 좋은 독점이 발생하는 원인은 무엇일까? 먼저 독점이 발생하는 원인부터 살펴보자.

독점의 주요한 발생 원인은 시장의 높은 진입장벽이다. 진입장벽은 시장에 새로운 기업이 들어오려고 할 때 부딪치는 여러 가지 장애 요인을 말한다. 이 요인들에는 생산요소, 정부의 허가, 규모의 경제 등이 포함된다.

먼저 생산요소로 인해 진입장벽이 생기는 경우를 보자. 예를 들어 석유와 같은 자원을 어느 누구도 구할 수 없다면 자연스럽게 그 자원을 소유한 기업은 생산요소를 혼자만 공급하게 되므로 독점의 지위를 얻게 되는 것이다.

독점이 발생하는 또 다른 원인으로 정부의 허가를 들 수 있다. 정부가 한 기업이나 개인에게만 공급권을 부여하는 것이다. 영화에서 정부가 조영철에게 얼음 판매독점권을 주는 것이 바로 여기에 해당한다. 옛날에는 왕이 자신의 신하나 친척들의 공로를 치하하기 위해, 또는 자신에 대한 충성심을 계속 갖게 하려고 독점권을 부여하는 경우가 있었다. 최근에는 대부분의 경우 독점권은 공익을 보호하기 위해 부여하는 것이 일반적이다. 영화에서도 비록 뇌물은 받았지만 정부가 직접 나서서 얼음을 채취하고, 보존하고, 공급하다 보니 사고가 나는 경우도 있고 관리의 어려움도 많았다. 그것을 한 기업이 독점함으로써 정부는 얼음 관리의 어려움에서 해방될 수 있고, 얼음 관리에 들어가는 비용과 인력을 다른 부분으로 옮길 수 있다. 누이 좋고 매부 좋은 현상이었지만 앞서 말한 것처럼 조영철은 얼음의 판매량을 줄여 얼음이 필요한 사람들에게 비싼 가격으로 얼음을 공급했으며, 일반 백성들은 아예 얼음을 구할 수도 없게 만들었다. 독점의 최대 수혜자는 조영철이 된 셈이다.

특허나 저작권도 정부가 허가해 주는 독점권이다. 정부는 창의적인 새로운 상품에 대해 특허권 또는 저작권을 부여함으로써 다른 사람이 이용하지 못하는 독점의 이득을 제공한다. 독점으로 얻는 이득은 상당히 큰 경제적 유인이므로 개인이나 기업들은 창의적인 아이디어를 내고 새로운 발명품을 개발하기 위해 노력하게 된다. 사회 전체적으로도 이득이 되는 것이다. 만약 정부가 특허권이나 저작권을 인정하지 않는다면 힘들게 개발한 발명품이나 아이디어가 어떤 대가 없이 모방을 당해 개인이나 기업은 기술 혁신이나 개발에 대한 의욕을 상실하고 말 것이다. 그렇게 되면 사회 전체적으로도 손해다. 특허권이나 저작권은 개인과 기업이 의욕 넘치는 경제생활을 할 수 있게 만드는 좋은 독점이다.

'규모의 경제'로 인해 발생하는 자연독점natural monopoly도 있다. 자연독점은 여러 생산자보다 하나의 생산자가 공급할 때 생산비를 줄일 수 있는 특성을 가지고 있다. 예를 들어 어느 기업이 전기를 생산해 공급한다고 하자. 기업은 소비자에게 전기를 공급하기 위해 전봇대를 세워야 하고 변압기를 설치해야 하며 전기선을 이어야 한다. 전기를 공급하기 위한 초기 투자비가 엄청나게 들어가는 것이다. 이러한 것을 규모의 경제라고 한다. 다른 기업도 이윤을 얻기 위해 이 시장에 진입하려 할 것이다. 이 기업도 전봇대를 세우고 변압기를 설치하며 전기선을 잇는 등 막대한 초기 투자비용을 들일 것이다. 이렇게 초기 투자비가 막대한 상품에 다수의 생산업자가 뛰어들 경우, 이중 삼중으로 생산비용이 들어가 사회 전체적으로 볼 때 손해다. 오히려 하나의 기업이 독점적으로 공급하는 게 평균 생산비용을 줄일 수 있어 더 효율적이기 때문이다.

경제 선생님,
스크린에
풍덩!

물론 전기나 수도 등은 장기적인 관점에서 본다면 충분히 이윤을 낼 수 있겠지만 엄청난 초기 투자비로 초반에는 상품을 생산할수록 비용이 증가해 이윤을 얻을 수 없다. 쉽게 설명하면 초반에는 계속 적자로 운영되다가 시간이 지날수록 서서히 적자 폭이 줄어 100년, 200년이 지난 후에야 서서히 이윤이 생기는데, 어느 기업이 200년 동안 적자를 버틸 수 있을까? 결국 기업은 그 시장에 진입하지 않게 되고, 정부는 이러한 산업을 직접 경영하게 되는 것이다. 자연독점이 발생하는 것이다. 기업이 이윤을 획득하기 위해 비싼 가격으로 공급한다면 소비자들은 그로 인해 피해를 입으므로 정부는 직접 운영하거나 가격을 제한하도록 규제를 둔다.

영화의 서빙고 관리들이 얼음을 관리하는 것도 자연독점으로 설명할 수 있다. 얼음을 채취하고 보존하는 데 막대한 비용이 들어가고, 생산자가 많게 되면 초기 투자비용이 많이 발생해 사회 전체적으로 비효율적이다. 그래서 정부가 직접 서빙고를 관리하여 얼음을 채취·보관·공급했다. 조영철이 독점권을 행사하면서 얼음을 공급하게 되었다면 정부는 적당한 가격을 정해 주고 규제를 두어 독점의 피해를 막았어야 했다. 그러나 관리들이 나 몰라라 하는 동안 그 피해는 고스란히 백성들이 떠안게 됐다.

이렇게 자연독점이 가능한 상품에 대해 국가나 지방자치단체가 직접 운영하는 기업을 '공기업'이라고 한다. 우리나라의 공기업은 철도, 통신, 전매사업(어떤 특정 종류의 원료나 제품을 국가가 독점해 가공 또는 매매하는 국가 수익 사업)이 주를 이루었다. 철도사업은 가장 오래된 공기업으로 경부선 개통 이후 계속 발전했으며, 통신사업은 우편, 전신, 전화, 보험사

223

바람과 함께
사라지다
독점기업은
과연 사라질 수
있을까?

\# 민영화 이후 민간기업이 운영하는 포스코(구 포항제철).

경제 선생님,
스크린에
풍덩!

업 등으로 나뉘어 발전했다. 전매사업의 대표적인 품목은 담배, 인삼, 소금이었는데 1962년 소금을 제외시키고 담배와 인삼만 취급하게 되었다.

최근에는 이러한 공기업들을 상대로 효율성과 자율성 확보라는 이유로 민영화를 많이 요구하고 있다. 통신을 담당하던 케이티KT, 철강사업을 하던 포스코Posco가 민영화 사례인데, 민영화 이전에는 한국통신, 포항제철이라는 이름으로 사업을 하던 대표적인 공기업이며 독점기업이었다.

자연독점의 피해는 정부가 공기업을 운영하거나 국유화하면 독점의 피해를 어느 정도 막을 수 있다. 민간기업은 아무래도 이윤을 위해서 생산비용을 줄이고 판매가격을 높인다. 또한 자연독점이므로 다른 기업이 시장에 진입하는 것이 어렵다. 초기에 막대한 투자비용을 들여서 기존 기업과 경쟁을 해야 하는데 그것이 쉬운 일이 아닌 것이다. 정부가 운영함으로써 판매가격을 저렴하게 유지하여 소비자에게 독점의 피해를 보지 않게 할 수도 있고, 전매사업과 같은 독점을 통해 정부의 재정수입으로 충당할 수도 있다.

똑같은 얼음인데 가격이 다르다?

완전경쟁시장에서는 수요와 공급이 만나는 점에서 균형가격과 균형거래량이 결정된다. 독점기업은 기업의 독점 이윤이 최대가 되는 지점에서 가격을 제시한다. 그리고 이러한 경우는 모두 한 상품에 대하여 균형가격이든 독점가격이든 하나의 가격을 의미했다. 그런데 현실 경제에서는 꼭 하나의 가격만 제시하지 않는 경우도 많다. 독점기업이 하나의 상품에 대해 동일한 생산비가 들었음에도 불구하고 소비자마다 가격을 다르게 제시하는 경우가 있다는 것이다. 경제학에서는 이런 행위를 '가격차별price discrimination'이라고 한다.

만약 다수의 공급자가 존재하는 완전경쟁시장이라고 가정해 보자. 공급자가 많기 때문에 공급자나 원하는 수량을 낮은 가격으로 언제든지 제시할 수 있다. 따라서 소비자마다 가격을 다르게 하는 가격차별이 쉽사리 발생할 수 없다. 왜냐하면 높은 가격으로 상품을 공급한다면 경쟁 원리에 의해 많은 공급자들이 낮은 가격으로 상품을 공급하기 때문에 판매가 되지 않고, 낮은 가격으로 상품을 공급한다면 다른 공급자가 더 낮은 가격을 제시할 수도 있기 때문이다. 결국, 가격차별이 가능하다는 것은 시장의 독점적 지배력을 가지고 있다는 뜻이 된다.

조영철이 얼음을 독점해서 서빙고에도 제공하고 일반 백성에게도 제공하는데 국가인 서빙고에 제공하는 것을 공가라고 말했고, 일반 백성들에게 판매하는 가격은 시가라고 말했다. 그런데 중요한 것은 조영철이 정부 관리에게 낮은 가격으로 얼음을 제공해 주겠다고 약속했다는 점이다. 똑같은 얼음인데 정부에 납품하는 얼음의 가격과 백성들에게 판매하는 얼음의 가격이 다르다. 이것이 바로 가격차별인 것이다. 왜 독점기업은 가격에 차별을 둘까?

기업은 생산비용보다 판매이익이 조금이라도 높다면 한 개라도 더 팔아 최대한 이윤을 얻으려 한다. 가격을 조금 낮추면 판매가 되는 시장이 존재한다면 기업은 가격을 다르게 해서 하나라도 더 팔려고 하니 가격차별이 나타나는 것이다.

조영철이 서빙고에 납품하는 낮은 가격(공가)으로 일반 백성에게도 판매를 한다면 독점으로 얻을 수 있는 이익은 많지 않을 것이다. 반대로 일반 백성에게 판매하는 높은 가격(시가)으로 서빙고에 납품한다면 조선의 조정은 조영철의 서빙고 독점권을 회수하고 다시 예전처럼 직접 얼음을 관리할 것이다. 그래서 조영철은 정부와 백성이라는 서로 성격이 다른 시장에 각각 공가와 시가로 가격차별을 실시하게 된 것이다. 결국 가격차별은 독점기업이 서로 더 많은 독점 이윤을 얻기 위한 방안이라고 볼 수 있다.

가격차별이 가능하려면 몇 가지 조건이 필요하다.

첫째, 시장이 두 개 이상으로 분리되어야 한다. 시장이 지리적으로 떨어져 있든 소비자의 성격이 다르든 각각 분리돼 있어 거래되는 상품이 각각의 시장에서 교환이 이루어지지 않아야 한다. 만약 두 개의 시장이 서로 자유롭게 거래가 이루어진다면, 저렴한 가격으로 판매하는 시장에서 상품을 구입하여 좀 비싼 가격에 거래되는 시장에 내다 팔아 이익을 얻을 수 있으므로 가격차별은 무용지물이 된다.

둘째, 시세차익을 노리는 재판매가 불가능해야 한다. 조영철이 판매하는 얼음 시장을 생각해 보자. 백성들이 정부 서빙고라는 시장에 자유롭게 진출할 수 있다면 굳이 비싼 시가로 얼음을 사지 않을 것이다. 또한 얼음의 재판매가 가능하다면 정부의 서빙고 관리들은 조영철에게 얼음을 사서 백성들에게 내다 팔면 이윤을 얻을 수 있다. 이 두 가지가 모두 불가능하기 때문에 가격차별이 이루어진 것이다.

227

바람과 함께
사라지다
독점기업은
과연 사라질 수
있을까?

휴가철 바가지요금도 결국 독과점이 문제!

지금까지 독점의 발생 원인과 특징들을 살펴보았다. 이제 다시 영화 속으로 들어가 보자.

덕무는 자신의 계략을 동수에게 말한다. 동수는 화가 치밀어 당장이라도 조명수를 죽이려고 한다. 그런데 덕무는 그러한 동수를 말리며 이런 말을 한다.

"조명수가 죽고 나면 또 다른 누군가가 나타날 것이고, 상황은 바뀌지 않아!"

너무나 정확한 지적이었다. 독점은 무조건 행정적 단속만으로 해결할 수 있는 문제가 아님을 꼬집는 부분이기도 하다. 예를 들어 관광지의 바가지요금을 생각해 보자. 관광지에서 바가지요금을 받는 기업은 어떻게 보면 독점의 성격을 가지고 있는 기업이다. 해수욕장이 있는 섬에 슈퍼마켓이 달랑 하나 있다면 피서철 독점으로 운영되면서 가격은 비싸지게 된다.

그런데 관광지에서 혼자만 상품을 공급하는 것이 어떻게 가능했을까? 사실 관광지에 가 보면 고만고만한 가게가 여러 개 있다. 그럼에도 불구하고 바가지를 당하는 이유는 독점과 비슷한 형태인 과점 때문이다. 관광지에서는 몇 안 되는 상점이 관광객을 상대로 치열한 경쟁을 벌인다. 그래서 그들은 경쟁을 피하기 위해 똑같은 가격으로 상품을 공급하는 담합을 하게 된다. 이것을 경제학에서는 '카르텔Cartel'이라고 한다. 과점도 독점과 비슷한 성격을 갖는다. 적은 수의 공급자이기 때문에 쉽게 담합할 수 있고, 가격을 높임으로써 가격경쟁의 부담에서 벗어날 수 있다. 또한 서로 담합함으로써 다른 업체가 시장에 진입하는 것을 막고, 가격을 내려서 판매하는 약속 위반 업체에 대해 제재를 가할 수 있는 조직으로 발전하게 된다. 그것은 곧 독점의 효과로 이어지는 것이다.

관광지에서 턱없이 비싼 바가지요금을 적용한다면 정부가 나서서 그것을 처벌하면 된다. 조명수 일당이 얼음 독점으로 백성들을 괴롭힌

피서객으로 가득 찬 여름철 해수욕장에서는 해마다 바가지요금으로 몸살을 앓는다.

229

바람과 함께
사라지다
독점기업은
과연 사라질 수
있을까?

다면 정부가 강력히 단속하면 해결될 일이다. 그러나 덕무가 말했듯 조명수를 죽인다고 문제가 해결되지는 않는다. 조명수가 죽고 나면 또다시 제2의 조명수, 제3의 조명수가 나타나 결국 백성들은 계속 독점의 피해를 입을 수밖에 없는 것이다. 덕무가 말하는 발본색원은 독점이나 과점을 완전히 뿌리 뽑자는 것이다. 그것은 어찌 보면 자본주의 시장경제체제에서 가장 중요한 제도인 '경쟁'을 도입하자는 뜻일 수도 있다.

또 다른 경쟁업체를 만들어 독점의 피해를 줄이거나, 경쟁을 회피하고 서로 담합하는 과점기업에 대해 정부가 직접 제재를 가하는 것이다. 조명철의 독점권을 회수하고 얼음을 시장 경제에 맡기든지 정부가 운영하는 공기업의 형태로 가는 것, 이것이 조선 후기의 중상학파 실학자 이덕무의 생각일지 모르겠다.

독점!
바람과 함께 사라지다

지금까지는 독점의 부정적인 측면을 살펴보았는데, 한쪽에서는 독점이 긍정적인 측면도 있다고 주장한다. 다시 말해 독점기업이 자신들의 독점권을 이용해 최대 이윤을 얻는 것이 사회 전체적으로 효율적이라는 입장이다.

만약 어떤 기업이 아무도 생산하지 않는 상품을 독점해 생산한다면 기업은 큰 이윤을 얻을 것이다. 그래서 기업들은 너 나 할 것 없이 독점이라는 환상에 빠진다. 이 과정에서 생산 방법의 혁신이나 새로운 발명에 대한 연구가 이루어져 시장을 개척하는, 선구자로서의 역할을 하는 기업이 나타나는 것이다. 그렇게 되면 다양한 상품과 혁신적인 기술, 새로운 제품을 누릴 수 있어 사회 전체적으로 이득이다. 물론 다양하고 혁신적인 신제품에 대해 소비자는 더 비싼 돈을 지불해야 하는 단점도 있다.

또한 새로운 시장을 개척하려면 많은 자본이 필요한데 독점기업이 독점으로 얻은 수익을 다시 재투자한다면 새 시장을 개척할 수 있다는 입장도 있다. 물론 이 부분도 한 번 독점을 한 기업이 독점으로 얻은 막대한 자본력을 바탕으로 또 다른 상품을 독점해 많은 이익을 보려 한다면 부와 자본의 집중이라는 문제점이 발생할 수 있다. 이렇게 소비자가 피해를 보고 사회 전체적으로 비효율적이라면, 그것은 막아야 한다. 이제부터는 이러한 '나쁜 독점'을 막을 수 있는 방법을 알아보도록 하자.

영화에서 좌의정 조명수와 그 일당이 차지하고 있는 얼음 독점 문제를 우리가 해결해 보는 것이다.

민간이 소유한 독점기업을 국가가 운영하는 것이다. 앞에서 다룬 것처럼 공기업으로 운영하거나 국유화하는 것이다. 정부가 직접 운영할 경우, 많은 이윤을 얻을 필요가 없다. 생산비용을 충당할 정도의 이윤만 얻거나 적자가 되어도 상관없는 것이다. 정부는 공익을 추구하는 것이지 영리를 추구하는 게 목적이 아니기 때문이다. 따라서 정부는 소비자를 보호하기 위해 직접 팔을 걷어붙여야 한다. 물론 공기업이나 국유화를 반대하는 입장도 있다. 공기업은 소비자가 필요한 양만큼 서비스를 제공하는 게 목적이다 보니 생산비를 절감하기 위한 노력, 품질을 개선하려는 의지, 더 많은 이윤을 얻기 위한 시장 확대에는 소홀하게 된다. 즉 생산량만 채우려는 생각에 서비스와 품질이 떨어지는 것이다. 정부도 자체적으로 서비스의 질적 개선을 위해 노력해야 하는 것이다.

다음으로 독점을 막아 경쟁시장으로 바꾸는 것이다. 정부는 서빙고 관리의 어려움을 핑계 삼아 조영철에게 독점권을 부여했다. 그러다 보니 백성들만 피해를 입었다. 독점권을 폐지하고 누구든지 얼음 판매를 할 수 있도록 시장을 개방하는 것이다. 그렇게 된다면 서로 경쟁을 하게 되고 균형가격으로 거래가 이루어질 수 있다. 물론 이때는 방대한 자본이 들어가는 얼음 시장의 진입장벽을 어떻게 허무느냐가 관건이 될 수도 있다.

마지막으로 공기업으로 운영을 하든 민영화하여 경쟁시장으로 만들든 정부가 관리 감독을 철저히 실시하여 독점 및 과점을 막고 효율성을 높이는 것이다. 우리나라 정부는 독점을 막기 위해 '독점규제 및 공

바람과 함께
사라지다
독점기업은
과연 사라질 수
있을까?

독과점 감시 역할을 하는 공정거래위원회.

정거래에 관한 법률'을 제정해 시행하고 공정거래위원회를 두어 독과점에 대한 감시 활동을 하고 있다. 때로는 강력한 규제도 독점의 피해를 막는 방법이기 때문이다.

지금까지 독점의 좋은 점과 나쁜 점, 나쁜 독점을 막을 수 있는 방법을 알아보았다. 사회 전체에 비효율성을 가져오거나 소비자에게 피해를 주는 나쁜 독점은 막고, 사회 전체를 효율적으로 만들고 소비자와 생산자 모두에게 이익이 되는 좋은 독점은 유지하는 것이 바람직하다. 이 역할을 하는 것이 바로 정부다. 정부는 적절히 개입하여 공정한 게임을 할 수 있도록 심판자의 역할을 더욱 충실히 해야 할 것이다. 공정한 경쟁을 보장해 주는 것이야말로 시장경제체제를 유지하는 가장 큰 제도이며 수단이기 때문이다.

경제 선생님,
스크린에
풍덩!

〈허생전〉은 조선 후기에 연암 박지원이 지은 《열하일기(熱河日記)》에 실린 한문 단편소설이다. 허생은 남산 아래 살고 있는 양반이었다. 몰락한 양반이라 몹시 가난했지만, 워낙 글 읽기를 좋아해서 집안 살림은 돌보지 않았다. 그러다 보니 아내의 삯바느질로 생계를 유지해야 했다.

아내는 굶주리다 못해 허생에게 푸념을 했다. 신발을 만들어 팔아서 돈을 벌어 오라고 하면 손재주가 없어서 안 된다고 하고, 장사를 하라고 하면 밑천이 없어서 안 된다고 하니 글만 읽는 양반은 할 수 있는 것이 아무것도 없냐며 아내는 성화를 냈고, 허생은 결국 10년 공부를 7년 만에 마치게 되었다고 탄식을 하며 한양에서 제일 부자인 변 씨를 찾아가 돈 1만 냥을 빌리게 된다.

그는 곧 안성으로 내려갔다. 안성은 경기도와 충청도의 모든 물건이 모이는 시장이었다. 허생은 그곳에서 대추, 밤, 배 등을 몽땅 사들인다. 그러자 얼마 후 제사용품인 과일이 없어 난리가 났고 가격이 치솟았다. 허생은 10배의 값으로 과일을 되팔았다. 이번에는 제주도로 건너가 칼, 괭이 등을 팔

박지원이 쓴
《열하일기》의 〈허생전〉.

바람과 함께
사라지다
독점기업은
과연 사라질 수
있을까?

아 돈을 벌었다. 그러고는 말총을 모두 사들였다. 말총은 망건을 만드는 원료인데, 조선시대 사람들은 모두 머리에 망건을 둘렀기 때문에 말총은 필수재였다. 말총 원료가 바닥나자 사람들은 10배가 넘는 비싼 가격으로 말총을 살 수밖에 없었다.

허생이 돈을 벌게 된 첫 번째 행위는 엄격하게 독점으로 보기 어렵다. 과일을 사들여 비싼 가격에 내다 판 행위는 매점매석에 해당한다. 그렇다면 두 번째 행위는 어떨까? 여러 사람이 만든 물건을 허생 혼자서만 팔게 되었으니 독점의 효과가 나타났다. 생산요소의 독점은 생산물의 원료를 독점적으로 공급하는 것을 의미하므로 망건을 만드는 원료인 말총을 비싼 가격에 공급한 것이 바로 전형적인 생산요소의 독점이다. 이러한 독점은 좋은 독점이 아니다. 연암 박지원도 허생의 이러한 상행위가 부도덕한 것임을 알고 있었다. 그래서 〈허생전〉의 끝부분에서 허생을 무인도로 보내고 모든 사람들에게 돈을 나누어 주는 것으로 글을 마무리 짓는다. 독점으로 얻은 이익을 사회에 환원했다는 것을 무척이나 강조한 이유도 독점이 사회에 폐해를 끼칠 수 있다는 것을 알았기 때문이다.

해학 속에 담은 산업혁명의 그늘

스프를 떠먹여 주는 리상한 기계의 등장

산업혁명으로 인한 빈부격차

자본가 VS 노동자, 달라도 너무 달라!

자본주의는 나빠! 사회주의 사상의 등장

진정한 인간 존중을 위하여

"삶을 포기해선 안 돼, 우린 잘 해낼 수 있어"

아홉 번째 영화
모던타임스

기계로 전락한

노동자들,

남 앺기가

아니야!

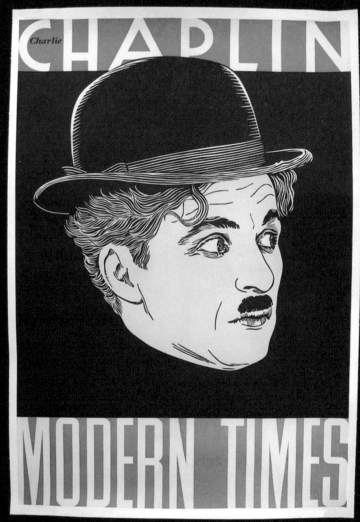

모던타임스

찰리 채플린 감독

85분

1936년작

해학 속에 담은
산업혁명의 그늘

〈모던타임스〉는 1930년대 산업혁명 당시 불황과 경제공황에 상처받은 미국사회의 모습을 풍자적으로 잘 표현한 영화다. 특히 산업혁명 이전의 가내수공업 방식과 달리 자동화된 기계 속에서 상실되어 가는 인간성과 인간소외 문제, 돈과 기계에 얽매인 현대 자본주의 사회를 풍자하고 있다.

영화의 명장면 중 하나인 거대한 톱니바퀴 틈에 몸이 낀 채 돌아가는 찰리의 우스꽝스런 모습은 인간이 기계 부품의 일부로 전락한 현실을 날카롭게 꼬집고 있다. 또한 쉬지 않고 이어지는 노동자들의 시위 모습과 대조되는 화려한 백화점의 묘사는 자본주의 사회의 부조리를 잘 드러낸다.

영화 〈모던타임스〉를 통해 산업혁명 당시 노동자들의 삶을 들여다보자.

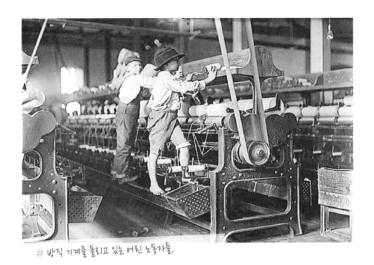

방직 기계를 돌리고 있는 어린 노동자들.

경제 선생님,
스크린에
풍덩!

미국과 프랑스에서 시민혁명이 한창일 무렵, 영국에서는 시민사회의 발전에 지대한 영향을 미친 또 하나의 혁명이 진행되고 있었다. 바로 산업혁명이다. 모직물 공업을 중심으로 한 근대적 산업이 발달했던 영국에서는 18세기 들어 국내외 면직물 수요가 급증하자 대량생산이 필요했다. 이때 도입된 것이 '증기기관steam engine'이다. 급증한 상품 수요에 맞게 기계를 발명하고 동력을 개발하면서 생산 방법이 혁신적으로 변화할 수 있었던 것이다. 새롭게 발명된 기계 덕분에 영국의 산업은 비약적으로 발전하였다. 생산 방식의 변화는 사회 구조와 사회 전반에도 큰 변화를 불러왔음은 물론이다.

우선 증기기관의 사용이 확산되자 증기기관을 돌리는 데 사용하는 석탄의 소비량이 크게 늘었다. 이에 따라 원료와 제품의 수송을 위해 도로와 운하가 건설되었고, 새로운 교통수단이 등장하여 산업혁명은 교통혁명으로 이어지게 되었다. 증기기관은 교통·운송수단에도 큰 변화를 가져온 것이다. 교통과 통신이 발달하자 원료의 상품 수송이 빨라졌고 이는 다시 산업의 발달로 이어졌다.

산업혁명은 세계적 규모의 상업을 배경으로 이루어졌으며, 경제의 세계화를 더욱 촉진시키기도 했다. 또한 세계의 시간 거리가 단축되어 국제화 시대의 막이 열렸다. 지역 간 교류가 활발해지면서 국가 간 경제가 더욱 긴밀해진 것이다(이 과정에서 다른 나라를 침략하여 본국에 유리하도록 식민지의 경제구조를 바꾸는 문제점도 발생하였다).

또한 자본주의가 확립되어 경제생활이 발전했으며 물질생활이 풍부해지고 편리해졌다. 경제구조에도 변화가 일어나 1차산업에 종사하

영국에게 유리한 무역 구조 개편

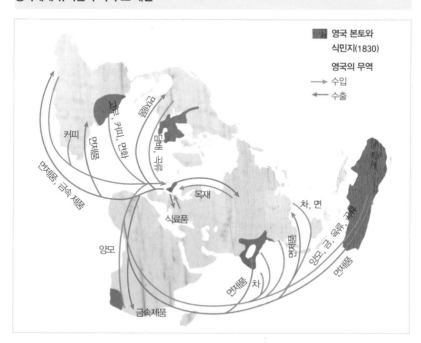

는 인구 비율보다 2·3차 산업에 종사하는 인구 비율이 높아졌다. 즉, 산업혁명이 계기가 되어 농업사회에서 산업사회로 산업의 구조가 바뀌게 된 것이다. 생활수준이 향상되며 인구가 증가한 것도 산업혁명이 불러온 대표적 변화다. 실제로 19세기 한 세기 동안 유럽은 두 배 이상, 영국은 세 배 이상 인구가 증가하였다.

　　이렇게 사회 전반의 지축을 뒤흔든 산업혁명. 그런데 이 산업혁명으로 일어난 변화는 긍정적이기만 했을까? 과연 모든 계층의 사람들에게 환영을 받았을까? 그렇지 않다.

　　산업사회는 노동문제, 도시문제, 빈부격차 등 여러 가지 문제점을 동시에 드러냈다. 따라서 그 문제에 직접 노출된 사람들의 불만은 노동운동과 사회주의 운동으로 표출되었는데, 각국의 정부는 이에 대처하기 위해 갖가지 사회개혁 정책을 펼치기도 했다.

수프를 떠먹여 주는 이상한 기계의 등장

산업혁명이 빚은 대표적 문제는 노동문제였다. 낮은 임금, 장시간의 노동, 열악한 작업 환경 때문에 노동자들의 평균 수명은 매우 낮아졌다. 또한 자본가 입장에서 임금을 낮출 수 있다는 이유로 여성과 아동들이 공장에서 저임금을 받고 일해야 했으며, 작업 환경 또한 매우 위험했다. 통풍 장치나 안전시설이 제대로 갖추어지지 않은 좁은 작업장에

제임스 와트(James Watt)는 목수의 아들로 태어나, 소년 시절을 아버지의 일터에서 보내는 동안 수세공에 관심을 갖게 되었다. 대학에서 수학기계공으로 일하던 시절, 증기펌프를 수리해 달라는 의뢰를 받고 연구를 하기 시작한 것이 증기기관이라는 세계적인 발명으로 이어졌다. 그는 물이 끓고 있는 주전자를 보며 증기기관의 원리를 생각해 냈고 1765년 증기펌프를 완성한 후, 1790년 비로소 증기기관을 개발했다.

오늘날 '와트'라는 이름은 전력(電力) 단위가 되어, 세상 사람 모두가 그의 이름을 일상생활에서 널리 사용하고 있다.

증기기관의 원리는 물을 가득 담은 보일러를 가열해 증기를 만들고, 그 압축된 증기의 힘으로 기계를 움직이는 것이다. 증기기관이 본격적으로 사용되기 시작한 것은 와트가 실용적인 증기기관을 만든 이후부터인데, 이때부터 광산의 물을 퍼 올리는 것도 증기기관이 담당했다.

산업 전반에 증기기관이 사용되면서 증기를 만들기 위해 더 많은 석탄을 실어 와야 했다. 이 문제를 해결해 준 것이 스티븐슨(Gorge Stephenson)이 발명한 증기기관차다. 증기기관차 '로켓호'는 1830년에 리버풀과 맨체스터를 시속 약 46킬로미터로 달리는 데 성공했다. 이 속도는 마차와 비교해도 뒤지지 않을 뿐 아니라 마차보다 더 많은 화물을 한꺼번에 운송할 수 있는 장점을 가졌기 때문에 석탄 산지와 면직물 공업단지를 효과적으로 연결했다.

241

모던타임스
기계로 전락한
노동자들,
남 얘기가
아니야!

제임스 와트.

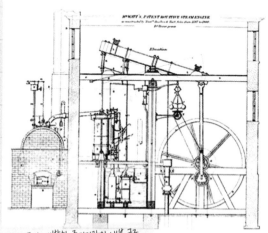
와트가 개발한 증기기관의 내부 구조.

서 기계가 돌아가는 속도에 맞춰 단조롭고 고된 일을 하루에 12~14시간씩 해야 했다. 그러면서도 생존을 위한 최소한의 임금조차 받지 못했고, 늘 실업의 위험 속에 놓여 있던 것이 산업혁명 초기 노동자의 현실이었다.

〈모던타임스〉가 표현한 산업혁명 당시의 사회는 생산성 향상을 위해서라면 인권 유린도 서슴지 않았다. 그 대표적 예가 바로 '식사를 도와주는 기계'이다. 노동자를 위한 복지는 현대사회에서는 당연한, 노동자 이전에 한 인간으로서 누려야 할 마땅한 권리다. 하지만 영화 속 노동자들은 점심시간조차 보호받지 못한다. 노동자들이 잠시나마 휴식을 취하며 허기를 달랠 수 있는 점심시간마저 자본가인 상류층 시선에서는 '생산이 중단되는 시간'으로만 보인다. 그래서 자동으로 수프를 떠먹여 주고, 입을 닦아 주고, 친절히 옥수수를 돌려 주며 식사시간을 단축할 수 있게 돕는 기계를 도입해, 노동자들이 식사를 하는 동시에 일을 하도록 했다. 아니, 일을 하면서 식사를 하도록 강요했다는 표현이 더 적절하다.

이 기계는 궁극적으로 점심시간조차도 이윤추구 시간으로 바꾸고 싶어하는 자본가의 속성을 적나라하게 드러내며, 생산성 향상에 뒷전으로 밀린 인간소외 현상을 상징적으로 나타낸다.

하지만 식사와 작업을 동시에 할 수 있는, 획기적이지만 잔혹한 발상으로 개발된 이 기계는 공장에 도입되기 전, 찰리에게 실험을 하는 과정에서 완전한 실패작으로 드러난다. 먹는 사람의 상황을 고려하지 않은 데다 입이 아닌 엉뚱한 곳에 음식을 갖다 대고 심지어 뜨거운 수프를 쏟는 등 오작동이 심각했다. 기계 앞에서 허우적거리는 찰리의 우

기계 속으로 빨려 들어간 순간에도 너트를 조이는 찰리.

모던타임스
기계로 전락한
노동자들,
남 얘기가
아니야!

작업을 하면서 식사를 할 수 있게 고안된 기계.

스팽스러운 표정은 보는 이로 하여금 배꼽을 잡게 한다. 하지만 웃는 게 웃는 것이 아님을 알기에 매우 씁쓸하다. 여기에는 기계의 발전이 인간의 기본적인 권리와 행복을 대체할 수 없다는 비판의 목소리가 함축되어 있다. 아무리 무섭도록 기계가 발전해도 인간을 넘어설 수는 없다는 걸 60여 년 전에 이미 간파한 찰리 채플린의 통찰력이 놀라울 따름이다.

영화 속 가장 유명한 장면인 찰리가 컨베이어 벨트 속으로 빨려 들어가는 모습은 이 영화의 백미다. 찰리는 컨베이어 벨트를 따라 흘러가는 기계의 너트를 조인다. 벌레가 눈앞에서 뱅뱅 돌며 간지럽게 해도 벌레를 쫓을 수도, 피할 수도 없다. 잠시라도 벨트를 조이는 손을 쉬게 했다가는 어느새 조여야 할 대상이 저만큼 지나가 버리기 때문이다.

산업혁명 당시, 대량생산이라는 새로운 생산 방식이 도입되면서 동시에 분업화가 이루어졌다. 과거에 사람이 일일이 손으로 생산하던 방식과 비교하면 매우 획기적인 생산 방식임에는 틀림없다. 이 분업화로 인해 생산성 향상이 이루어진 것이 산업혁명의 가장 큰 장점이라면 장점이랄 수 있다.

하지만 분업의 이면에는 잠시라도 자신이 해야 할 일을 하지 않으면 다음 과정을 담당하는 동료는 물론 전체 공정에 문제가 생겨, 더욱 열심히 일할 수밖에 없는 노동자의 고충이 담겨 있다. 조금도 쉴 수가 없는 것이다. 따라서 동료와 티격태격하다가 잠시 정신을 놓은 사이에 조여야 할 너트를 놓쳐 버린 찰리는, 자신을 지나쳐 기계 속으로 들어가는 너트를 따라가다 컨베이어 벨트의 속도를 못 이겨 결국 컨베이어 기계 안으로 빨려 들어가 버린다.

경제 선생님,
스크린에
풍덩!

\# 잠시라도 손을 쉴 수 없는 분업화 공정.

모던타임스
기계로 전락한
노동자들,
남 얘기가
아니야!

\# 목사 부인과 나란히 앉은 찰리.

'어? 어?' 하며 찰리를 걱정하는 관객의 반응과 달리 찰리는 기계 속에 들어가 몽롱한 배경 음악과 함께 밝은 웃음으로 역시나 너트를 조이는 손을 멈추지 못한다. 극한 상황 속에서도 일을 멈추지 못하는, 단순 업무 전문가를 만든 당시 사회의 모습. 인간이 아닌 기계가 목적이 되는, 즉 기계가 인간을 지배했다고 해도 과언이 아닌 산업혁명 당시의 모습들은 마냥 웃어넘길 수만은 없는 장면이다.

한편 어떤 극한 상황에서도 늘 웃는 표정을 짓는 찰리의 모습은 비록 산업화의 희생양이 됐지만 그 속에서도 희망과 웃음을 잃지 않는 인간의 따뜻한 내면이 중요하다는 메시지를 전달하고 싶었던 게 아닐까?

산업혁명으로 인한 빈부격차

노동문제뿐 아니라 급속한 도시팽창도 새로운 사회문제로 대두되었다. 주택, 도로, 상하수도 시설, 보건위생 문제 등에 대한 대책이 마련되지 않은 상황에서 인구가 급증하여 도시가 팽창한 결과, 도시마다 생활환경이 악화되었고, 그 고통은 고스란히 서민들에게 돌아갔다. 도시문제에 그대로 노출될 수밖에 없던 빈민층들의 거주지는 슬럼가로 전락했고, 빈곤과 범죄의 대명사가 되어 사회 골칫덩이로 떠올랐다.

도시문제와 함께 생각해 봐야 할 사회문제는 바로 도시 내부의 분화과정 속에 스며든 빈부격차다. 노동자와 자본가 사이의 격차는 노사 문제에서도 발생했고, 이들의 일상생활에서도 빈번하게 발생했다. 〈모던타임스〉에서는 빈부격차의 모습을 어떻게 표현하고 있을까?

영화 속으로 들어가 보자. 상류층인 목사의 부인과 찰리가 나란히 앉은 장면에서는 의상을 통해서 계층 간 차이를 극명하게 보여 준다. 귀티 나는 옷에 갖은 치장을 한 채 우아하게 커피를 마시는 부인과 이와 대립되는 왜소하기 그지없는 모습의 찰리. 그는 볼품없는 죄수복을 입은 채 커피를 마시고 있다.

하지만 영화는 외적으로 보이는 계층 간의 사회·경제적 격차를 뛰어 넘는다. 뱃속에서 들리는 꼬르륵 소리! 이 소리 하나로 상류층 부인이든 노동자 찰리든 뱃속에서 나는 소리는 똑같다는 메시지를 전하는 것이다. 이 장면에서 두 사람은 생물학적으로 같은 부류인 '인간'으로 묶이며 상류층과 노동자라는 계급을 떠나 대등한 위치가 된다.

산업사회가 만들어 낸, 사람과 사람 사이의 격차. 사실 그것은 불평등으로 이어져서는 안 된다. 하지만 현대사회 일부에서는 아직도 빈부격차의 문제를 곳곳에서 찾아볼 수 있다. 감독이 찰리의 우스꽝스러운 모습을 통해 빈부격차를 풍자한 것은 우리 사회가 지니고 있는 물질 위주, 계층 위주의 모습을 반성과 개선의 시각으로 다시 한 번 생각하게끔 하는 장면이다.

자본주의 사회에서 발생하는 빈부격차에 대한 찬반양론은 아직도 논쟁이 뜨거운 부분이다. 하지만 그 격차를 최소화하고 모든 인간이 행복할 수 있는 권리를 누릴 수 있도록 돕는 것이 우리 사회가 해야 할 마땅한 일임은 분명하다.

247

모던타임스
기계로 전락한
노동자들,
남 얘기가
아니야!

자본가 vs 노동자, 달라도 너무 달라!

산업이 급속하게 발전하자, 자본가 계급과 노동자 계급의 대립이 나타 났다. 산업혁명 전에는 고용주와 노동자가 유대적인 관계 속에 공동의 이익을 추구했다. 하지만 산업혁명 이후 이윤을 자유롭게 추구할 수 있 게 사회 시스템이 변하면서 자본가와 노동자 사이의 유대 관계는 더 이 상 유효하지 않게 되었다. 이윤을 추구하는 자본가와 임금을 받는 노동 자는 상반되는 이해관계 때문에 첨예하게 대립했다.

특히 계급의식의 발생이 두 계층의 대립을 더욱 극심하게 만들었 다. 노동자들은 고용주에 맞서 더 나은 임금 조건과 업무 환경을 요구 했고, 이를 위해 뭉치기 시작했다. 하지만 초기의 노동조합은 큰 성공 을 거두지 못했고 정부에 의해 철저히 탄압을 받았다. 노동자들이 노동 자이기 이전에 한 인간으로서 존중받아야 할 인격체라는 인식은 당시 만 해도 싹트지 않았다.

영화 속 노동자들은 일을 하는 동안 대형 모니터를 통해 감시를 받 는다. 사장은 그들의 행동 하나 하나를 사무실에 앉아 주시하며 고함을 치고 지시하기 바쁘다. 또한 생산성 향상을 이유로 컨베이어 벨트의 속 도를 무리하게 높이기도 한다. 빨라진 컨베이어 벨트의 이동 속도에 따 라 노동자의 손도 기계 못지않게 빨라지게 되고, 사람이 기계를 만든 것인지 기계가 사람을 만든 것인지 혼동이 온다. 결국 톱니바퀴 사이로 사람이 빨려 들어가는 장면이 등장하면서 기계로 인해 인격체로서 존중받지 못한 당시 노동자들의 비참한 현실이 상징적으로 드러난다.

영화 곳곳에서 발견할 수 있는, 노동자들을 단순히 생산성 향상의 도구로밖에 보지 않는 첨단 감시 시스템. 즉, 자본가와 노동자 관계에 나타난 극명한 계층 구조는 눈살을 찌푸리게 할 정도다. 여유롭게 사무실 책상 위에 다리를 올려놓고 신문을 보던 사장은 기계처럼 일하던 찰리가 잠시 화장실로 이동해 휴식을 취하려는 모습이 대형 화면에 비치자마자(그것도 시간기록계에 쉬는 시간이라고 기록을 하고 갔음에도 불구하고) 마이크에 대고 버럭 화를 내며 어서 제자리로 가 일하라고 방송을 한다. 이 장면은 뛰어난 첨단 감시 시스템에 화들짝 놀란 찰리의 마음 못지않게, 보는 이로 하여금 자본가와 노동자의 극명한 계층 차이를 실감할 수 있게 하는 단초다.

자본가와 노동자의 경제적 격차가 극심해지자 사람들은 오히려 자본주의 대신 사회주의를 갈망하게 되었다. 노동자들의 권익을 보호하기 위한 목소리도 커졌다. 영화 전반에 자주 등장하는 노동시위는 산업 사회의 모순을 노동자들이 인식하고 있었으며 나름의 방법으로 노동 환경의 개선을 요구했음을 보여 주는 대목이다.

249

모던타임스
기계로 전락한
노동자들,
남 얘기가
아니야!

자본주의는 나빠!
사회주의 사상의 등장

산업혁명을 거치며 생산력은 높아지고 사회는 발전했지만 모든 사람들이 풍요로운 생활을 하게 된 것은 아니었다. 산업혁명 초기에 노동자들은 낮은 임금, 긴 노동시간, 열악한 노동 환경과 빈곤, 실업 문제로 고통을 받았다. 열악한 노동 조건은 다양한 형태의 노동운동을 발생시켰다. 노동자들이 단체를 조직하여 자본가나 정부에 맞서 정치·경제적 권리를 쟁취하기 시작한 것이다.

1810년에는 기계 파괴 운동인 러다이트 운동Luddite Movement이 일어났으며, 노동조합이 결성되어 전국적으로 확산되기도 하였다. 노동운동의 확산을 통하여 공장법(영국에서 공장 노동자들의 가혹한 노동 조건을 시정하기 위하여 시행된 법률의 총칭)을 제정하는 등 점차 열악한 노동 조건을 개선하려는 정부의 조치도 이루어졌다.

노사 간 대립이 격화되자 경제적 불평등이 자본가에 의한 생산 수단 독점과 무한정한 이윤 추구에서 비롯된 것이란 생각이 싹터 사회주의 사상이 등장하기 시작했다. 사회주의 사상을 따른 사람들은 생산 수단인 자본의 공유를 통해 노동문제를 해결할 수 있다는 주장을 내세웠다. 또한 공동 생산과 공동 분배를 바탕으로 한 평등사회를 건설할 것을 주장했다.

초기의 사회주의자들은 노사 간에 계몽과 설득을 바탕으로 사회를 사회주의적으로 개조하는 것이 가능하다고 말했다. 대표적인 사회주의자들은 생시몽Saint Simon, 푸리에Charles Fourier이다. 영국의 오언Robert Owen은 이 주장을 실천에 옮겨서, 면방직 공장을 운영하면서 노동자의 복지와 노동 조건의 개선을 위하여 노력했다. 그는 공장 경영으로 얻은 이윤을 노동자의 생활 개선에 사용하는 이상적인 도시를 건설하고자 했다.

\# 대형 모니터를 통해 노동자들을 감시하는 자본가.

모던타임스
기계로 전락한
노동자들,
남 얘기가
아니야!

\# 노동자들의 시위 현장에 휩쓸려 주모자로 오해를 받는 찰리.

마르크스.

엥겔스.

　한편 1840년대에는 마르크스Karl Heinrich Marx와 엥겔스Friedrich En-gels가 등장하여 생산 수단의 사회화는 혁명적인 방법을 통해서만 가능하다고 주장하였다. 마르크스는 자본주의 자체를 극복하지 않는 한 경제적인 불평등은 해결할 수 없다고 주장하며, 자본주의 경제에 대한 과학적인 분석을 시도하였다.

　즉, 그는 자본주의 사회에 대한 체계적인 분석을 통해 자본주의는 노동자에 대한 수탈을 통해서만 유지가 가능함을 밝혔다. 또한 1848년 '공산당 선언'을 발표하며 노동자의 단결을 호소하기도 했다. 반면 양자의 타협으로 이상 사회가 이루어질 수 있다는 생시몽 등의 주장을 '공상적 사회주의'라고 규정하기도 했다.

　마르크스와 엥겔스 중심의 사회주의 사상은 20세기 초 러시아 사회에 큰 영향을 끼쳤다.

진정한
인간 존중을 위하여

〈모던타임스〉의 첫 시작 장면인 수백 마리의 양이 떼 지어 나오는 모습과 그 뒤이어 수백 명의 사람들이 무리지어 지하철역을 나오는 모습, 이 묘하게 닮은 영화 속 두 장면은 과연 자본주의 시장경제 속에서 무한한 자유를 누리고 사는 우리들의 삶 자체가 진정 자유로운 것인가에 대해 다시금 물음표를 던진다.

컨베이어 벨트는 19세기 공업 발전의 혁신적인 모델이었고 이를 발명한 포드Henry Ford는 미국의 중산층 형성에 기여했으며, 중산계급 또한 자동차를 소유할 수 있다는 새로운 계급 모델의 창시자였다. 따라서 컨베이어 벨트는 그 자체가 혁신이자 엄청난 변화의 기폭제였다.

하지만 이 영화는 모두가 칭송하는 컨베이어 벨트의 시스템을 과감하게 꼬집는다. 찰리는 끝도 없이 돌아가는 기계의 한 부품으로 전락해 일이 끝났는데도 '자신의 진정한 모습'과 '노동 안의 자신'을 계속 혼동하는 모습을 보인다. 빵을 훔치다 찰리의 도움을 받게 된 소녀는 자아를 잃어버린 찰리에게 '가사 없는 노래'를 부르자고 제안한다.

이 가사 없는 노래는 기계의 한 부품으로 살아가는 이 시대 우리들에게 자아를 심어 주는 결정적 역할을 한다. 찰리는 자아를 되찾고, 잃어버렸던 희망을 품게 된다. 그는 더 이상 일자리를 잃었다고 슬퍼하지 않는다. 일보다 더 소중한 자기 자신을 되찾았기 때문이다.

〈모던타임스〉는 거미줄처럼 복잡하게 얽힌 현대사회에서 '인간소

모던타임스
기계로 전락한
노동자들,
남 얘기가
아니야!

외현상은 모두 해소할 수 있는가?'부터 '진정한 자유란 존재하는가?'까지 여러 가지 질문을 던지는 영화다.

사람들은 대개 세련되고 현대적인 것을 일컬어 '모던modern'하다고 표현한다. 따라서 〈모던타임스〉는 '현대사회' 정도로 해석할 수 있을 것이다. 이 현대사회가 낳은 수많은 비인간성, 이것은 어떻게 극복할 수 있을까? 그 대답은 찰리 채플린과 간디가 나눈 대화 속에서 찾을 수 있다.

"기계라는 것이 사회와 인간을 위해 사용된다면, 오히려 인간을 노예 상태에서 해방시키고 노동시간을 단축시킬 수 있다. 그렇게 되면 지적 향상과 생활의 즐거움을 증진시킬 수 있지 않은가?"

감독이자 희극인으로서 영화 속에서 유감없이 재치를 발휘한 찰리 채플린의 말처럼 물질만능의 기계화 시대가 지닌 인간소외 문제는 인간이 기계를 위하여 사용되도록 하는 것이 아니라 기계가 인간을 위하여 사용되도록 할 때 해결될 것이다. 그것이 바로 현대사회가 지향해 나가야 할 점이다. 또한 가사 없는 노래를 알고 난 뒤, 유창하게 노래를 부르는 찰리처럼 개개인의 자아를 존중하고 배려하는 사회 분위기를 만드는 것. 이것이 현대 자본주의 사회에서 '인간'을 위한 가장 쉽고도 중요한 방법이다.

"삶을 포기해선 안 돼, 우린 잘해 낼 수 있어"

영화의 마지막 장면에서 함께 언덕에 마주앉은 소녀와 찰리. 소녀는 찰리에게 먼저 말을 건넨다.

"노력한들 무슨 소용이 있죠?"

이 대사는 아무리 일자리를 찾으려 해도 일을 할 수 없었던 빈민층의 절망이 고스란히 담긴 말이었다. 그리고 그 누구보다 찰리가 가장 공감할 만한 대사였을 것이다. 영화 속에서 찰리는 보안관이 써 준 소개장을 보여 주고 백화점의 경비로 취직한다. 하지만 얼마 후 배가 고픈 나머지 백화점에 들어와 강도짓을 한 자신의 동료들을 만나게 되고, 찰리는 경비를 서는 대신 밤새 백화점에 있는 술을 마신다. 결국 경찰에 넘겨졌다가 열흘 후 풀려난 찰리는 빵을 훔치다 걸린 소녀를 돕게 되고, 그 소녀와 함께 낡은 나무 집에 보금자리를 꾸민다. 가족이 생긴 찰리는 공장의 구인광고를 보고 달려가 일을 얻지만, 그 역시 오래가지 못하고 반나절 만에 공장이 파업을 하면서 또 다시 실업자가 된다.

가난을 이겨내기 위하여 열심히 노력해 보지만 취업과 실직을 반복하며, 자본에 자본을 계속 축적하는 자본가와 달리 노동자들은 늘 굶주림을 걱정해야만 했다. 찰리 채플린 역시 그랬다. 하지만 그에 대한 찰리의 긍정적인 대답은 빈민층에게 희망과 격려의 메시지를 안겨 준다.

"그렇지만 죽는다고는 말하지 마! 삶을 포기해선 안 돼. 우린 잘 해 낼 수 있어."

모던타임스
기계로 전락한
노동자들,
남 얘기가
아니야!

산업화의 그늘 속에서도 희망을 잃지 않는 주인공의 뒷모습.

두 사람은 손을 잡고 쭉 뻗어 있는 비포장도로를 걸어가면서 새로운 방랑을 시작한다. 희망과 행복을 상징하는 힘찬 음악과 함께 엔딩 타이틀이 나오면서 영화는 끝이 난다. 두 사람은 전혀 체념하거나 낙담한 표정을 짓지 않는다. 손을 잡고 걸어가는 두 사람의 뒷모습에서 실낱 같은 희망을 엿볼 수 있다. '힘내세요. 결코 죽는다는 말은 하지 말아요. 우린 해낼 수 있어요.' 하며 반짝이던 소녀의 눈은 오랜 시간이 지난 현 시대의 사람들에게도 전하는 메시지가 커 감동의 여운이 깊다.

찰리 채플린은 우스꽝스러운 표정으로 오래 입어 닳은 양복, 콧수염, 지팡이, 또 유난히 큰 신발을 신고 슬랩스틱 코미디를 하는 우습기만 한 사람이 아니다. 그는 이 영화를 통하여 당시 사회의 모습을 날카롭게 지적하고 있으며 수십 년이 지난 지금까지 많은 메시지를 전달하고 있다. 그가 영화를 통해 지적했던 문제점은 지금도 해결되지 못하고 과제로 남아 있다. 물질적 풍요와 인간성의 가장 효율적인 결합을 위하여 현 사회는 더 많은 노력을 해야 할 것이다.

영국에서 시작된 산업혁명은 주변국에도 영향을 미쳤다. 영국에서 급속하게 공업화가 진행되자 주변 나라들도 적극적으로 공업화를 추진했다. 19세기 전반에는 프랑스, 벨기에, 미국 등에서 산업혁명이 일어났다. 프랑스에서는 7월 혁명(1830년 7월 파리에서 일어난 부르주아 혁명)이 일어난 1830년 이후에 본격적으로 산업혁명이 시작되었다. 미국에서는 1830년대에 면직물 공업이 본격적으로 산업화되었고, 1840년대에는 다른 분야에까지 확산되었다. 독일은 19세기 후반 중공업 중심의 공업화를 추진하며, 1830년대의 관세동맹(동맹국 간에는 자유무역을 허용하나 다른 국가에는 동일한 관세율을 부과하는 무역협정), 1840년대의 철도 부설을 바탕으로 산업화를 실시했다. 반면 일본과 러시아는 19세기 말에 산업화의 대열에 올랐다.

1760년~1830년 사이에 영국을 중심으로 시작된 1차산업혁명은 석탄과 철을 주원료로 삼고 면직물 공업과 제철 공업 분야를 중심으로 하여 발달하였다. 반면 1870년대 이후 유럽, 미국에서 일어난 제2차산업혁명은 석유와 철강을 주원료로 삼고, 화학공업 및 전기공업 등 새로운 공업 분야를 중심으로 이루어졌다.

모던타임스
기계로 전락한
노동자들,
남 얘기가
아니야!

국가별 산업혁명 시기

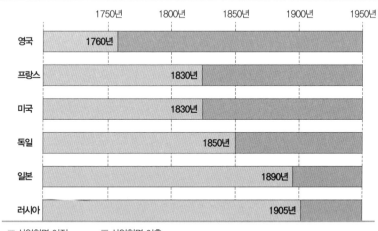

모든 선택에는 기회비용이 따른다

기회비용이란 내가 포기한 것의 최대 가치

놓친 물고기가 더 커 보인다? 기회비용과 매몰비용

기회비용은 대체 왜 발생할까?

희소성은 경제학의 화두이자 출발!

사람마다 다른 '희소가치'가 있다

합리적인 경제인이 되려면

열 번째 영화

악마는 프라다를 입는다

선택 속에 숨은 기회비용 이야기

\ 악마는 프라다를 입는다

\ 데이비드 프랭클 감독

\ 109분

\ 2006년작

모든 선택에는
기회비용이 따른다

〈악마는 프라다를 입는다〉 제목만 언뜻 보면 경제적 능력이 안 되더라
도 반드시 명품을 사야 한다고 생각하는 일부 여성들의 세속적 욕망을
그린 영화라 생각할 수 있다. 하지만 이 영화는 현대인의 물질만능주의
를 꼬집는 영화가 아니다. 다양한 경제생활 속에서 인간 내면에 일어나
는 삶의 고민을 다룬 영화다.

영화는 명문대학을 나온 안드레아 색스가 자신의 꿈인 저널리스
트가 되기 위해 뉴욕에 상경하면서 시작한다. 자신감에 가득 차 뉴욕의
언론사에 입사지원서를 제출했지만 번번이 낙방하는 안드레아. 그녀는
결국 패션의 '패'자도 모르면서 단순히 뉴욕에서 성공하겠다는 결심 하
나로 악명 높은 패션잡지 편집장, 미란다의 비서로 취직을 한다.

출근 첫날부터 편집장에게 치이고 무시를 당하던 안드레아. 호락
호락하지 않은 직장생활이지만 그녀는 곧 편집장의 변덕스러운 요구를

하나둘 완벽하게 수행하며 자신의 커리어를 쌓는다. 그러나 얼마 후 자신의 모습이 진정 자신이 원하던 삶인지 고민에 빠지게 되고, 결국 안드레아는 화려한 명예를 좇는 삶이 아닌 자신이 진정으로 원하는 삶을 선택하며 비서 일을 그만둔다.

그녀가 첫 직장을 선택하고 다시 꿈을 찾아 회사를 그만두기로 결정하기까지는 무수히 많은 '선택' 과정이 있었다. 그리고 그 선택에는 반드시 '기회비용opportunity cost'이 따라온다. 누구나 매일매일 겪고 있는 선택 속에 숨은 기회비용. 그 이야기 속으로 함께 빠져 보자.

인생은 선택의 연속으로 이루어진 삶이라 해도 과언이 아닐 정도로 우리는 살아가면서 늘 수많은 선택을 하게 된다. 어떤 선택을 하게 되면 자연적으로 선택하지 못해 포기하는 것도 함께 따라다닌다. 합리적인 경제인이라면 어떤 결정을 내릴 때 얻는 것과 잃는 것 중 어떤 것에 더 비중을 두고 선택해야 할까? 안드레아는 무엇을 얻고 무엇을 잃었을까?

까칠한 상사인 미란다에게 혹독한 업무 신고식을 치르며 패션업계에서 살아남는 법을 터득한 안드레아. 그녀는

안드레아의 직장 상사인 미란다. 머리부터
발끝까지 자신감이 묻어나는 성공한 커리어우먼.

점점 미란다에게 능력을 인정받고 촌스럽고 어리숙한 모습에서 세련되고 자신감 넘치는 커리어우먼으로 변신한다. 하지만 화려한 패션계에 빠져 예전의 순수한 모습을 잃게 된 안드레아. 그녀는 늘 분주하게 사느라 개인적인 시간이 줄어들었고, 남자친구에게는 소홀해졌으며, 오래된 친구들과의 약속도 잘 지키지 못했다. 이를 보는 남자친구 네이트의 시선은 곱지 않았다. 결국 그는 안드레아에게 이별을 통보했다. 그녀는 일에서 안정을 얻는 대신 시간과 우정, 사랑을 잃었다. 미란다로부터 회사 직원들이 모두 가고 싶어하는 파리 출장에 함께 가자는 제안을 받지만, 그녀는 결국 황금 같은 기회가 찾아왔음에도 불구하고 과감하게 미란다 곁을 떠나기로 결심한다. 자신이 하고 싶어하던 일을 선택하기로 마음먹었기 때문이다.

기회비용이란
내가 포기한 것의 최대 가치

기회비용이란 한 가지를 선택함과 동시에 포기해야 하는 것의 최대 가치를 의미한다. 안드레아는 화려하고 멋진 패션잡지사의 커리어우먼으로서 새 출발을 했지만 정작 본인이 원하던 언론사 입사는 포기해야 했고 남자친구와도 이별하게 됐다. 패션잡지사를 그만둔 후에는 세계적인 패션잡지 편집장의 비서라는 안정된 삶을 포기해야 했지만 자신이 꿈꾸던 회사의 편집부에서 일을 할 수 있게 됐다.

인생은 선택의 연속이다. 하고 싶은 것을 모두 하며 살기란 현실적으로 쉽지 않다. 따라서 어떤 선택을 하면 선택하지 못한 것에 대해 '포기'가 발생하는데 이 과정에서 기회비용이 생기는 것이다. 기회비용은 수치화되어 정확하게 계산할 수 있는 것만 의미하는 게 아니다. 실제로 우리가 생활하는 모든 일상에는 수치로 측정할 수 없는 기회비용이 아주 광범위하게 발생한다.

예를 들면 고등학생 A가 고등학교 졸업 후 대학 진학을 할 것인지 취업을 할 것인지를 두고 합리적인 선택을 하려 할 때, A는 각각의 기회비용을 잘 고려해야 한다. 하지만 이 문제에서 기회비용을 정확히 계산하는 것은 그리 쉽지 않다. 삶에 대한 개개인의 가치관이 모두 다르므로 선택에 대한 가치 중점을 어디에 둘 것인지도 사람마다 다를 뿐더러 미래 상황에 대한 정확한 계산과 예측이 어렵기 때문이다.

다시 안드레아 이야기로 돌아가 보자. 그녀가 패션잡지사에서 일하는 동안 잃게 된 것은 가장 친한 친구들 그리고 남자친구와의 관계였다. 안드레아가 안정된 직장을 얻는 대신 잃은 것 중 가장 가치 있는 것이 바로 기회비용이다. 마음을 가치의 양으로 측정하기란 매우 어렵지만 친한 친구들과 남자친구 중 그녀에게 더 가치 있었던 존재가 기회비용이 되는 것이다.

이번에는 영화 속 또 다른 인물 미란다의 이야기를 해 보자. 사회적으로 성공한 미란다는 자신의 일에 모든 힘을 쏟아 붓는 대신 남편과 자녀에게는 미처 따뜻한 관심을 주지 못했다. 그래서 늘 남편과 아이들로부터 실망의 눈초리를 받아야 했다. 그럼에도 불구하고 그녀는 사회적인 지위를 포기하지 못했는데, 미란다가 일을 함으로써 포기하게 된

\# 언론사 대신 패션잡지사에 출근하게 된 안드레아.

악마는 프라다를
입는다
선택 속에 숨은
기회비용 이야기

일에만 몰두하느라 가족을 돌볼 여유가 없는 미란다.

남편과 자녀와의 관계가 그녀에게는 기회비용이 되는 것이다. 즉, 멋진 커리어우먼이라는 타이틀 뒤에 미란다가 포기할 수밖에 없었던 엄마로서의 역할이 기회비용인 것이다.

선택은 자신의 삶의 가치관에 따라 한 것이지만, 그 선택에 따라 누구나 우러러보는 멋진 직업을 가진 걸 자랑스럽게 여기는 동시에, 엄마로서의 역할을 다 해내지 못해 고민에 빠진 그녀.

어쩌면 이 영화가 우리에게 전하고 싶은 가장 중요한 메시지는 인생의 선택에는 반드시 기회비용이 따른다는 것보다도, 아무리 화려한 경력과 겉모습을 지닌 사람도 결국 '삶을 살아가는 데 있어 가장 중요한 가치가 무엇인가?'를 고민하는 평범한 사람이라는 메시지일 것이다.

그렇다면 선택의 연속인 인생에서 보다 현명하게 살아가기 위한 '합리적 경제인'이란 과연 어떤 것일까?

놓친 물고기가 더 커 보인다?
기회비용과 매몰비용

'자장면이냐 짬뽕이냐.' 이것은 많은 사람들을 고민에 빠뜨리는 난제다. 기회비용이 하나를 선택하게 되면서 포기한 것들 가운데 가장 가치가 높은 것이라면, 한 번 지불하면 다시 회수할 수 없는 비용을 매몰비용 sunk cost이라고 한다.

예를 들어 영화가 시작된 후에는 환불이 불가능한 영화 티켓을 구입했다면 티켓값은 매몰비용에 해당한다. 그런데 영화가 매우 형편없다는 사실을 영화 시작 전에 알게 되었다면 어떻게 해야 할까? 티켓값이 아깝다는 생각으로 영화를 봐야 할까? 아니면 과감하게 영화를 포기하고 다른 활동을 하며, 그 시간을 더 가치 있게 사용하는 것이 합리적일까? 각자 중요하게 생각하는 가치관에 따라 다른 선택을 할 수도 있겠지만, 보편적으로는 영화를 볼 시간에 다른 일을 하는 것이 더 가치 있다고 판단되면 빨리 극장에서 나오는 편이 합리적인 선택이다. 이것을 바로 '매몰비용의 효과'라고 한다.

경제학적 논리에 의하면 매몰비용은 현재의 의사결정 단계에서는 배제되어야 한다. 매몰비용보다는 기회비용을 더 고려해야 하기 때문이다. 하지만 경제학적 논리를 벗어나 인간으로서 매몰비용을 전혀 고려하지 않고 어떤 선택을 하기란 결코 쉬운 일이 아니다. 대부분의 사람들은 과거에 지불한 비용에 미련을 갖게 되고, 과거의 시간과 노력을 헛되이 보내기 싫은 것이 당연하기 때문이다.

합리적인 선택의 전제 조건은 기회비용을 고려하여 바로 최소의 비용으로 최대의 효과를 얻는 것이다. 소비를 하기 전, 기회비용이 최소가 되도록 '최소 비용·최대 효과'의 원칙을 바탕으로 경제 활동을 해야 하는데, 이러한 원칙은 단순히 경제생활에만 적용되는 게 아니라 선택의 연속으로 이루어진 인생 전반에 적용할 수 있는 중요한 원칙이다. 따라서 최소의 기회비용과 최대의 이득을 얻는 것이 가장 좋은 선택이라고 할 수 있다.

사회적으로는 촉망받지만 가족에게는 늘 미안한 마음을 가져야 했던 미란다. 만약 그녀가 일을 포기하거나 아이들과 더 많이 시간을 보냈다면 어땠을까? 미란다는 가족보다 일을 더 우위에 둔 선택을 통해 과연 행복했을까? 이 물음은 우리 각자에게도 할 수 있다. 아마도 개인이 비중을 둔 삶의 가치가 모두 다르기 때문에 선택에 따른 행복의 크기도 다를 것이다. 또한 어떤 선택을 할 때는 장기적인 안목을 갖고 이 선택이 지속 가능한 것인가도 고민해야 한다.

인간의 욕구는 무한한데 비해 자원은 한정되어 있기 때문에 우리는 삶을 살면서 항상 선택의 상황에 놓인다. 그렇기 때문에 합리적인 선택을 해야만 더 나은 경제적 삶을 만들어 나갈 수 있는 것이다.

특히 오늘날에는 무언가를 선택할 때 과연 그 선택이 지속 가능한지 장기적인 관점까지 고려하는 것이 중요하다. 현재의 선택이 단기적인 차원에서만 마무리되는 것이 아니라, 자신의 삶은 물론 미래 세대의 삶에까지 긍정적인 영향을 미칠 수 있어야 하는 것이다.

기회비용은 대체 왜 발생할까?

그렇다면 기회비용 자체가 발생하는 까닭은 뭘까? 필요와 욕구, 재화와 서비스 개념으로 이를 살펴보자. '필요need'란 무엇일까? 우리가 살아가면서 필요로 하는 모든 것을 의미한다. 물, 바람, 공기부터 시작해서 핸드폰, 영화관, 가방과 옷가지까지 인간은 사는 동안 거의 모든 것을 필요로 한다. 그중 인간의 생존에 반드시 필요하지는 않지만 개인이 충족되기를 원하는 것을 '욕구want'라고 한다. 핸드폰과 가방은 인간의 생존에 반드시 필요하지는 않지만 많은 사람들이 갖고 싶어하는 욕구의 대상인 것이다.

경제 활동은 인간의 생존을 위한 필요와 욕구를 충족시키는 기초다. 그래서 사람들은 필요와 욕구에 따라 경제 활동의 기본인 생산, 소비, 분배 활동을 한다. '재화'란 인간의 필요와 욕구를 충족시켜 줄 수 있는 물건을 의미하는데 인간의 생활은 물질적 수단 없이는 유지하기 힘들다. 우리에게는 생활할 수 있는 공간인 집과 음식이 있어야 한다. 또한 옷이 필요하며 음악가가 꿈인 사람은 악기가, 프로게이머가 꿈인 사람은 컴퓨터가 필요하다. 이와 같은 물건들이 바로 재화다.

인간의 욕구를 충족시켜 줄 수 있는 물질적인 수단에는 집, 음식, 옷, 악기, 컴퓨터처럼 눈으로 볼 수 있는 유형의 재화도 있는 반면, 눈에 보이지 않는 무형의 서비스도 있다. 병원에서 의사의 진료나 학교에서 선생님의 수업 등은 모두 무형의 재화에 해당한다.

재화 중에서 획득하는 데 대가가 필요한 것(집, 음식, 옷, 악기, 컴퓨터)을 '경제재'라고 하고, 대가가 필요하지 않은 것(물, 공기, 바람)을 '자유재'라고 한다. 경제에서 재화와 서비스가 중요한 이유는 인간의 필요와 욕구는 무한정인 반면, 그 욕구를 충족시켜 줄 수 있는 재화와 서비스는 물, 공기, 바람과 같은 자유재를 제외하고는 유한하기 때문이다. 여기에서 '한정된 자원으로 어떻게 인간의 필요와 욕구를 충족시키고 효율적으로 자원을 분배하는가?' 같은 경제문제가 발생하는 것이다.

희소성은 경제학의
화두이자 출발!

영화 속에서 안드레아의 직장 동료는 끊임없이 안드레아를 라이벌로 생각하고 견제한다. 또한 자신이 조금 더 편집장인 미란다에게 인정을 받고 있으며, 파리에서 열릴 패션쇼에 본인이 미란다의 수행비서로 발탁될 것이고 그 기회는 아무나 쉽게 가질 수 없다는 사실을 안드레아에게 각인시킨다. 결국 패션쇼 직전에 다리를 다쳐 그토록 원하는 파리 출장의 기회를 안드레아에게 빼앗겼지만 말이다.

'파리 출장'이라는 기회가 모든 사람에게 항상 주어지는 것이라면 안드레아의 직장 동료는 안드레아를 그토록 견제하고 괴롭히지 않았을 것이다. 하지만 파리 출장은 새로운 경험을 쌓을 수 있는 아주 좋은 기회일 뿐 아니라, 미란다에게 선택받은 자만이 함께할 수 있는 희소한 기회라는 게 문제다.

경제학에서는 이렇게 인간의 욕구는 무한한 데 비해 자원은 한정되어 있는 현상을 '희소성의 법칙'이라고 한다. 사람에게 유용한 모든 것은 항상 부족할 수밖에 없다. 그래서 희소성은 '경제학'이라는 화두의 가장 첫 번째 단추가 된다. 자원은 희소하기 때문에 이를 갖고자 하는 '수요'가 발생하고, 이를 충족시켜 주기 위해 '공급'이 발생하는 것이다. 경제학은 바로 희소한 자원을 어떻게 공급하고, 누구에게 제공하며, 어떻게 분배할지를 사회적으로 고민하는 학문인 것이다.

자본주의 사회 구조 속에서뿐만 아니라 개인의 생활 속에서도 희소성에 따른 경제적 선택의 문제는 항상 발생한다. 우리에게 하루에 주어진 시간은 24시간으로 한정되어 있기에 각 개개인들은 자신의 가치관에 따라 가장 희소성이 있는 것에 우선적으로 시간을 분배하여 활용한다.

　예를 들어 시험 기간을 앞둔 주말에 '1등'이라는 희소한 가치를 추구하는 사람은 친구들과 노는 것을 포기하는 대신 공부에 전념할 것이다. 반면 여자 친구가 더 중요하다고 생각하는 사람은 공부보다는 여자 친구를 만나는 데 더 많은 시간을 할애할 것이다. 이 예시가 의미하는 것은 희소성이란 단순하게 자원의 양이 절대적으로 많고 적음으로만 판단하는 것이 아니라는 사실이다. 누군가에게는 '1등'이, 누군가에는 '여자 친구'가 더 중요한 것처럼 희소성은 때와 장소에 따라, 개인의 가치에 따라 상대적으로 달라진다. 즉, 인간의 욕구와 자원의 양 사이의 상대적인 개념을 함께 고려해야 하는 개념인 것이다.

　예를 들면 덥고 습한 열대지방에서는 에어컨이 아무리 많아도 에어컨에 대한 수요가 매우 많기 때문에 에어컨의 희소성은 크게 인식될 것이다. 반면 한대지방에서는 에어컨이 단 한 대밖에 없을지라도 사람들이 원하지 않기 때문에 에어컨의 희소성은 작게 인식된다. 사람들이 전혀 필요를 느끼지 않는 경우는 그 양이 아무리 적어 찾기 힘들지라도 희소하다고 말하지 않는다. 반면 다이아몬드 역시 그 양이 매우 적지만, 그 양에 비해 사람들의 욕구가 크기 때문에 희소성이 큰 것이고, 비싼 가격에 팔리는 것이다. 일례로 외국에서는 삼겹살과 족발을 먹지 않는다. 우리나라에서 돼지고기는 삼겹살과 족발이 특히 인기가 높다. 그래서 삼겹살과 족발의 희소성이 없는 외국에서 많은 양을 수입해 온다.

인간의 욕망에 따라, 사회·문화에 따라 희소성이 모두 다른 것이다.

이와 같이 희소성은 인간의 필요 또는 욕구와 더불어 물질적 수단의 공급이 상대적으로 부족한 경우를 전제로 한다.

사람마다
다른 '희소가치'가 있다

희소성이 있고 없고는 재화를 자유재와 경제재로 구분할 때에도 적용한다. 앞서 밝혔듯이 자유재란 공기, 햇빛과 같이 그 양이 인간의 욕구를 만족시킬 만큼 충분히 존재하기 때문에 대가 없이 가질 수 있는 재화다. 자유재는 대가를 치르지 않아도 얼마든지 원하는 만큼 얻을 수 있기 때문에 경제문제를 일으키지 않음은 물론이고, 희소성의 개념도 적용되지 않는다.

반면 경제재란 희소성이 있는 재화이기 때문에 일정한 가격을 지불해야 얻을 수 있다. 재미있는 것은 경제재와 자유재에 해당하는 재화들이 사회의 변화에 따라 달라진다는 것이다. 공기와 물은 과거에는 무한하게 대가 없이 사용할 수 있는 자유재로 분류되었다. 하지만 최근에는 오염된 환경으로 인해 더 깨끗한 공기, 더 안전한 물을 찾는 시대가 되었다. 따라서 사람들이 생수를 사 먹거나 빙하수와 같이 양질의 물을 높은 비용을 주고 구매하는 모습을 어렵지 않게 찾아볼 수 있다. 과거에는 '물을 왜 사먹지?'라며 상상도 못할 장면이었을 것이다.

많은 사람이 찾는 프리미엄 생수들.

피톤치드 가득한 숲속 공기를 마실 수 있는 산림욕장.

뿐만 아니라 맑은 공기를 마시기 위해 산림욕장을 찾는 것 역시 기존에 자유재로 분류되던 재화들이 일부 경제재로 변하고 있음을 확인할 수 있는 사례다. 이와 같이 사회의 변화에 따라 과거에는 자유재로 분류되던 재화가 점차 희소해져 경제재로 바뀌기도 한다.

안드레아에게 가장 희소한 가치는 무엇이었을까? 미란다로부터 능력을 인정받고 사회적으로도 성장의 길목에 서게 된 안드레아는 돌연 매우 혼란스러워졌다. 오랜 장래희망, 사랑하는 남자친구와 그리던 행복한 가정생활 등 화려한 겉모습에 시선을 빼앗겨 잠시 잊고 있었던 삶의 진정한 가치들이 떠올랐기 때문이다. 안드레아는 성공한 미란다를 쳐다본다. 미란다는 안드레아에게 "사회적으로 성공하려면 나처럼 살아야 해. 더 강해져야 하지. 저들을 봐라. 모두 날 부러워하잖니."라고 이야기를 건넨다. 하지만 그건 미란다의 가치관일 뿐이었다.

안드레아에게는 작가가 되고 싶다는 오랜 꿈이 있었고, 도란도란 이야기 나누며 함께 식사할 아버지가 기다리고 있었다. 또한 사랑하는 남자친구와 소박한 저녁 시간을 보내는 것이 그녀의 인생에서 가장 중요한 가치였다. 그 사실을 깨달은 안드레아는 미란다의 수행비서 역할을 할 때 제일 중요한 물건인 핸드폰을 과감히 분수대에 던져 버리고 자신의 꿈을 찾아, 자신의 희소한 삶의 가치를 찾아 원래 그녀가 있던 곳으로 돌아간다.

파리에서 안드레아가 걸치던 명품 옷, 명품 가방은 값비싸지만 사려 한다면 언제든 또 살 수 있는 것이다. 하지만 꿈을 이루기 위해 노력하고 가족과 함께 행복한 삶을 누리는 '오늘'은 그녀가 분수대에 핸드폰을 던져 버리지 않았다면 존재하지 못하는 것이었다.

합리적인
경제인이 되려면

경제 이익의 최대화를 추구하는 현대 자본주의 사회에서 '합리적인 소비자'가 되려면 어떤 요소를 갖추어야 할까? 자신의 자아 정체성을 확립한 가운데 각자가 지닌 개성을 살릴 수 있는 형태의 소비 활동이라면, 또한 거기에 열정과 노력을 바탕으로 삶의 목표와 바람직한 가치를 실현하기 위해 소비를 하는 사람이라면, 그 사람은 합리적인 소비자가 아닐까? 일 앞에 냉철했던 미란다도, 기회비용을 합리적으로 잘 고려할 줄 아는 안드레아도, 그들의 삶에 뜨거운 박수를 보냈던 우리들도 단순한 소비지향적인 소비자라기보다 뜨거운 삶의 열정을 더 사랑하는 합리적인 소비자일 것이라고 확신한다.

　남녀를 막론하고 삶을 유지하기 위해서 '소비'한다는 것. 때로 그것은 단순히 물질적인 돈을 쓰는 것만을 의미하지는 않는다. 소비는 개인이 추구하는 가치를 반영하는 것이다. 모든 사람이 다른 사람보다 상대적으로 높은 지위에 있음을 부각하기 위해 소비를 하지는 않는다. 경제적으로 여유 있는 사람 중에서도 명품을 소비하지 않는 사람이 있는가 하면 평범한 수준의 형편에도 자신보다 더 어려운 사람을 위해 저축하고 기부를 하는 사람이 있는 것처럼 말이다. 그들이 명품 소비를 즐

'기부'처럼 자신이 가치 있다고 생각하는 것에
돈을 지출하는 사람들도 많다.

PRIMARK

옷과 가방, 차림새가 신분을 나타내고 자신의 정체성을
드러내는 수단이 된 소비사회.

기는 사람보다 소비 행태가 더 뛰어나다는 것은 아니다. 개개인의 가치가 다른 만큼 그 가치에 따라 소비 행태도, 그로 인한 만족감도 다르다는 것이다.

그러한 측면에서 이 영화에서 '악마'로 표현된 편집장 미란다는 악마라기보다는 그저 자신이 설정한 가치에 따라 선택을 하고 그 선택에 충실히 살아가는 존재일 뿐이다. 자신과 가치관이 다르다고 해서 그 자체가 비난의 대상이 될 수는 없다. 다만, 그러한 가치 추구가 지나쳐서 사회적으로 부정적인 영향을 끼친다면, 긍정적인 영향을 끼치도록 자신만의 바람직한 가치를 추구하며 살아가야 할 것이다.

소비라는 것은 단순히 무엇을 사는 것이 아니라 어디에 가치를 두고 있느냐를 보여 주는 것이다. 따라서 사람마다 소비의 방향이 다르다. 영화 초반, 미란다가 안드레아를 벌레 보듯 보는 것은 잘못된 판단이었으며, 안드레아 역시 미란다를 악마로 표현한 것은 잘못된 판단이다. 그들은 단지 서로 다른 가치를 추구하며 산 것이다.

영화에서 안드레아는 스스로 자신이 누구인지를 말하기보다 자신이 걸친 옷을 통해 자신이 누구이고 얼마만큼 사회적으로 인정받는 존재인지 입증하고 있다. 이러한 안드레아의 정체성은 현대인 대부분의 정체성 확립 방법과 크게 다르지 않다.

그러나 문제는 앞서 제시했듯 과시 소비가 명품을 소비할 만한 경제적 여유가 부족한 사람들에게까지 확산되면서 모조품의 제작·유통, 과소비로 인한 신용불량자 양산 등 사회적 병리현상 증가로 이어진다는 데 있다. 따라서 우리 사회는 각 개인이 자신의 정체성을 지켜 가며 바람직한 소비 활동을 할 수 있도록 함께 고민해야 한다.

그런 측면에서 영화의 결말은 우리에게 중요한 메시지를 남긴다. 미란다의 수석 비서 자리를 눈앞에 두고, 자신의 꿈인 저널리스트를 이루기 위해 회사를 그만둔 안드레아의 선택은 그녀의 정체성을 확립했다는 측면에서 매우 중요하다.

경제 활동은 물론이고 더 나아가 우리 삶의 모든 선택에서 가장 중요하게 고려해야 할 요소는 단순히 월급이나 사회적인 위치가 아니다. 자신이 삶에서 가장 중요하게 생각하는 가치관을 올바르게 확립하는 것이다. 그 가치관을 바탕으로 합리적인 경제인으로서 건강한 소비생활 및 선택을 해야 하는 것이다. 그것이 바로 모든 사람이 자신의 정체성 안에서 행복해질 수 있는 방법 아닐까?

빌게이츠는 하버드 대학을 중퇴하고 프로그래머의 길을 선택했다. 명문대학 졸업생이라는 명성을 평생 지닐 수 있었지만, 빌게이츠에게 하버드 대학은 오히려 시간을 허비하는 비용이라고 생각이 되었던 것이다. 그가 계속 대학을 다녔다면, 오늘날의 마이크로소프트는 없었을 것이다. 즉 빌게이츠가 하버드 대학을 다닌 대신 잃은 기회비용은 마이크로소프트사인 것이다.

'안철수연구소' 이사회 의장이었던 안철수 씨 또한 빌게이츠처럼 큰 기회비용을 포기했다. 어렵게 의대를 졸업하고 의사로서 탄탄대로를 걸을 수 있었던 안철수 씨가 의사로서의 삶을 포기하고, 컴퓨터 백신 프로그램을 만드는 것을 선택한 것이다.

이처럼 하나를 선택하면 반드시 하나는 포기해야 하는 기회비용이 발생하는데, 이 기회비용을 치르고도 더 나은 삶을 만들 수 있을지 없을지는 개인의 삶에 대한 가치관과 노력 여부에 달려 있다고 할 수 있다.

\# 빌 게이츠.

279

악마는 프라다를
입는다
선택 속에 숨은
기회비용 이야기